Buddha

By the same author

Hieroglyphics and Other Stories

Buddha
Da

ANNE DONOVAN

CARROLL & GRAF PUBLISHERS
NEW YORK

Many thanks to family and friends, and to everyone who has given support and encouragement during the writing process

BUDDHA DA

Carroll & Graf Publishers
An Imprint of Avalon Publishing Group Inc.
245 West 17th Street, 11th Floor
New York, NY 10011

First Carroll & Graf edition 2004

Published by arrangement with Canongate Books Ltd, Edinburgh

The author would like to thank the Scottish Arts Council for a bursary which enabled her to devote time to writing this book

Library of Congress Cataloging-in-Publication Data is available.

ISBN: 0-7867-1336-4

Printed in the United States of America
Distributed by Publishers Group West

For Colum, with love.

Anne Marie

MA DA'S A nutter. Radio rental. He'd dae anythin for a laugh so he wid; went doon the shops wi a perra knickers on his heid, tellt the wifie next door we'd won the lottery and were flittin tae Barbados, but that wis daft stuff compared tae whit he's went and done noo. He's turnt intae a Buddhist.

At first Ma thought it wis another wanny his jokes.

'Ah'm just gaun doon the Buddhist Centre for a couple hours, Liz, ah'll no be lang.'

'Aw aye, is there free bevvy there?'

'Naw, hen, ah'm serious. Just thought ah'd go and have a wee meditate, try it oot, know?'

Mammy turnt roond fae the washin up, and gied him wanny they looks, wanny they 'whit's he up tae noo?' looks ah'd seen a million times afore.

'Jimmy, d'you think ma heid buttons up the back? Yer a heathen. The last time ye set fit in a chapel wis when yer daddy died. The time afore that was when ah'd tae drag you tae Anne Marie's First Communion. And you're tellin me you're gaun tae a Buddhist Centre on a Tuesday night, quiz night doon the Hielander? Tae meditate? Gie's a break.'

When ma da gets embarrassed he looks like thon skinny wan in the Laurel and Hardy films and starts tae scratch his ear wi his left haund. That's when ah began tae think he could just be tellin the truth.

'OK, ah know it's funny, ah probably should of tellt ye afore, but it's no the first time ah've been there. Know that job we've been daein in toon, thon shop? Well, ah wis gettin a coupla rolls for ma lunch when ah met wanny they Buddhist guys. We got talkin and ah went alang wi him tae see the centre. It wis rainin, ah'd nothin better tae dae and ah thought it'd be a laugh, you know, folk in funny claes, chantin and that.'

Ma wis staundin at the sink, soapy bubbles drippin aff her pink rubber gloves.

'And?'

'And it wisnae like that. They were dead nice, dead ordinary, gied me a cuppa tea, showed me the meditation room, and, ach, it wis the atmosphere, hen. Ah cannae explain it, but it wis just dead calm.'

Ah'd never seen ma da lookin like that afore; there wis a kinda faraway look in his eye. Ah kept waitin for him tae come oot wi the punchline but he just stood there for a minute, lookin oot the windae.

'Anyhow, ah know it's daft but ah just want tae gie it a try. They have these classes, embdy can go, so . . .'

'Oh, well, suit yersel. Just watch they don't brainwash you.'

Ma da turnt roond and spotted me, sittin at the table, daein ma hamework – ah think he'd forgotten ah wis there. He winked at me.

'Nae chance ae that, is there, wee yin?'

'They'd need tae find a brain.'

At first bein a Buddhist didnae seem tae make that much difference tae ma da. He used tae go doon the pub on a Tuesday and noo he went tae the Buddhist Centre tae meditate. Same difference. He never talked aboot it, wis still the same auld da, gaun tae his work, cairryin on in the hoose. He stuck a photie of the Buddha up on the unit in their bedroom and noo and again he'd go in there and shut the door insteid of watchin the telly – meditatin, he said. Ah thought he'd get fed up wi it. He wisnae a great wan for hobbies ma da, but sometimes he'd decide tae take on whit he cries 'a wee project'. Wanst it wis buildin a gairden shed, anither time it wis strippin an auld sideboard that came fae ma granny's. And of course he'd start it then get fed up and no finish. It drives ma ma roon the bend.

'Jimmy, ah'm sick of lookin at they tools lyin in the hall. Are you no gonnae finish that?'

'Steady on, hen, it's in progress.'

'Whit does that mean?'

'It means ah'm havin a wee break. Ah need tae get some varnish, that ither stuff wis the wrang shade. Ah'll finish it the morra. Nae sweat.'

And two weeks later the tools hadnae moved fae the hall so ma ma takes a flakey and dumps aw his stuff.

Ah thought this Buddhism would be like that. But efter a

few weeks he wis still gaun tae the Centre and he'd startit meditatin in the hoose every night for aboot hauf an hour.

Ah decided tae ask him aboot it.

'Da?'

'Aye, hen.'

'See this meditation, whit is it?'

He pulled a face.

'Ah'm no sure how tae stert. It's difficult tae explain.'

'Aye, but, whit d'you dae?'

'Well you sit doon quiet and you try tae empty yer mind, well no exactly empty, mair quiet it doon so aw the thoughts that go fleein aboot in yer heid kinda slow doon and don't annoy ye.'

'Why?'

'Ah'm no very sure masel, hen.'

'D'you like daein it?'

He smiled. 'Aye, hen, ah dae.'

'Mibbe that's why.'

'Mibbe you're right. That's dead profound. Mibbe you're a Buddhist and you don't know it.'

'Ah don't think ah want tae be a Buddhist, Daddy.'

'How no, hen?

'If ah went tae meditate wi you ah'd miss *Who Wants to Be a Millionaire.*'

It's hard tae remember when ah realised it was gettin serious. Maisty the time things went on as normal. It wis comin up fur the summer and this would be ma last term at primary; ah'd be gaun tae the big school, as ma granny kept cryin it, efter the holidays. So we'd tae visit the new school and prepare fur the school show, and since this'd be oor last yin, Mrs Shields wis pullin oot all the stops. Ma ma wis dead busy too, buyin the new uniform and that, and ma granny had no been that well, so wi wan thing and anither, ah never really thought that much aboot ma daddy and his Buddhism. He startit gaun tae the Centre mair often, right enough. Thursdays as well as Tuesdays and sometimes even on a Saturday when his team were playin away. Then wan day while we were daein the dishes he reached up high and sumpn fell oot his pocket.

Ah lifted them fae the flair. Beads. Big broon beads strung on a thick rope. Like rosaries but much bigger and no divided up.

Ah held them oot and he pit them back in his pocket.

'Whit are they, Daddy?'

He cairried on placin the dishes carefully on the shelf as he spoke. 'Prayer beads, hen.'

'Rosaries?'

'Kind of. Ah suppose they're the Buddhist version.'

'Ah thought it wis just meditation you done. Ah didnae know you prayed as well.'

'Sort of.'

Ah wis well confused noo. He never came tae the chapel wi us, said he didnae believe in God.

'Who d'you pray tae, Daddy?'

'The only prayin he does is that his horse'll come in at fifty tae wan.' Mammy came intae the kitchen wi her coat on. 'Ah'm just gaun roond tae yer granny's for an hour. See yous later.'

'Aye, right, hen.'

Ah wiped a bowl and haunded it tae ma daddy.

'Who dae you pray tae?'

There was a funny look on his face.

'Look hen, this isnae easy, ah'm no really sure masel whit's happenin, ach . . .'

'It's OK, Da, ah just wondered, that's aw. It's cool.'

He smiled, his auld self again.

'Hey, listen tae you, it's cool, man. Where d'you think ye are – New York?'

Ah flicked the tea towel at him.

'At least ah'm actually doon on the earth, no yogic flyin roond the sky.'

Ah startit tae dae an aeroplane impression round the room, airms ootstretched, duckin and divin, 'Sheeom, sheeom, sheeom . . .'

Da caught me and tickled me tae the grund.

Mammy and me had just got back fae the Co-op when the lamas arrived at the door. It caused a bitty a sensation, lamas in Maryhill. We've had some Hare Krishnas singin roond the streets wi their wee bells fae time tae time, and ye cannae go doon Byres Road on a Saturday wioot bein stopped by thon wifie in pink robes ootside the library that keeps on tellin you tae be happy, but these were lamas, the genuine Tibetan kind wi maroon robes and shaved heids. Three of them, staundin on the doorstep on a Saturday efternoon and the way the neighbours were lookin at these guys they might as well have been llamas wi humphy backs insteidy lamas. They seemed oblivious tae the commotion; ah suppose they're used tae it, or mibbe meditatin really does make ye laid back. They bowed and the middle wan spoke.

'Hello. Does Jimmy McKenna live here?'

He spoke dead clear but wi an accent ah'd no heard afore.

'Ma da's no in the now.'

The wee guy nodded and stood there smilin.

'He'll no be lang. He's just up the road for a message.'

They never moved.

'We shall wait for him,' said the wee guy.

'Do yous want tae come in and wait in the hoose?'

'Thank you.'

They followed me intae the livin room.

'Have a seat,' ah said, pointin tae the couch.

Mammy wis in the kitchen.

'Ma, there's three lamas at the door for ma daddy. Ah've tellt them tae wait in the livin room.'

'Lamas?' She near drapped the plate.

'Aye, lamas, you know, like priests, only Buddhists.'

'You know whit you've been tellt aboot talkin tae strangers.'

'Aye, Ma, but you've always said ah've tae be hospitable, and they're pals of ma da.'

'See thon man . . .' She looked oot the windae fur a minute then turnt back tae me. 'Go and ask them if they want some tea.'

Ah went back tae the livin room where the three of them were sittin cross-legged on the flair wi their eyes shut. The main man opened his eyes and smiled.

'Ma mammy says would yous like some tea?'

'You are very kind. Thank you.'

Just then ah heard the door openin.

'In here, Da.'

'Whit is it, hen? Oh . . .'

When he saw the lamas sittin there, his face changed all of a sudden, it wis as if sumbdy'd switched on a light bulb in his heid. Then he got doon on his knees and bowed tae each lama in turn. Ah couldnae make oot exactly whit he wis sayin but it wis sumpn like Sammy Rinpoche, Hammy Rinpoche and Ally Rinpoche. Funny that. Wi names like Sammy, Hammy and Ally they could play for Scotland. Later ah found oot that Rinpoche means holy wan – it's a bit like callin a priest 'faither'.

'Ah'll just make the tea, Da,' ah said, and slipped oot.

When ah came back they were deep in conversation, and ma daddy hardly noticed ah wis there tae ah planted a tray doon on the table in fronty him.

'Thanks, Anne Marie. Listen, hen, you'll never guess whit. They've found the new lama.'

'Oh.' Ah hadnae a scooby whit he wis on aboot.

'You know, the heid Rinpoche's successor, the wan they'll train up when he moves on.'

'Oh, very good.'

'In Carmunnock.'

'Carmunnock, Jimmy?'

Ma ma had appeared at the door, where she stood wi her airms foldit, and that voice, where she sounds like she's been tae elocution lessons, rang through the room. She disnae dae it very often but usually it has a magical effect on ma da. But the day he never even noticed the sarcasm.

'Aye, hen, isn't it amazin?'

'Amazin! It's flamin incredible.'

Ma da kept gaun. 'They want me tae go wi them tae talk tae the faimly and help them break the news. Explain aboot the trainin programme and that, how they'll take him away when he's a wee bit aulder, teach him aw the chantin an prayers and that. Thought it might come better fae a Glaswegian, you know.'

'Jimmy, you really are wired tae the moon.'

Daddy just stood there, starin at her.

'Look, ah've got nothin against you meditatin, and the lamas seem like very nice people.'

She smiled at the three wee guys, who smiled back. Then she turnt tae ma da and she wisnae smilin.

'But if you think that ah'm gonnae sit by and watch you make a complete laughin stock of yersel in fronty strangers, you've got another think comin.'

'But, hen.'

'Jimmy, get a grip, for godsake. Whit on earth are these folk gonnae think when you turn up and tell them their wean's the new Dalai Lama? The best you can hope fur is that they call the polis, the worst is that you'll get yer heid kicked in.'

'You don't unnerstaund . . . it's no the Dalai Lama, it's the lineage of . . .'

'Ah unnnerstaund wan thing right enough, Jimmy – you're no gaun wi them tae Carmunnock.'

'But, hen . . .'

She marched oot the room.

Five seconds later she opened the door, grabbed me and dragged me intae the lobby.

'Anne Marie, you go wi him.'

'Whit?'

'Don't let him oot yer sight.'

'Do you think he's gonnae go tae Carmunnock?'

'Of course he's gonnae go – when did he ever show any sense in his life?'

'Could you no go wi him?'

'Don't be daft – how can ah efter whit ah just said? But ah don't want him heidin aff by hissel wi they lamas. He'll get murdert.'

So the next thing there ah wis in the back of the van sittin on a pile of auld blankets wi Hammy and Ally, cross-legged wi their prayer beads clickin away like knittin needles. Every time the van turnt a corner or hit a bump on the road the three of us shoogled thegither and they bowed in apology then giggled. Sammy sat in the front tryin tae navigate wi a streetmap of Glesga.

You'd think by the number of roads that lead tae it, Carmunnock wis the Mecca of the west a Scotland. You can get there fae Castlemilk, Cathkin, Clarkston or Croftfoot. Or you can dae whit ma da done and drive roond and roond the Carmunnock bypass missin every turn.

'Ya bastard! Oh, sorry, Rinpoche.'

'OK, Jimmy. What about this – could this be it?'

'Aw naw, Clarkston again. Whit is it wi these soothsiders, every bloody place has got tae stert wi a C – sorry, Rinpoche.'

Between his map-readin and ma da's drivin it wis a miracle we got there, but then ah suppose if you're a lama a miracle isnae oot the ordinary. Though, frankly, ah don't think it was worth the effort. After aw they roads, signposts, and a bypass that took us an hour tae get roond, at the endy it, Carmunnock's this funny wee place wi aboot four streets. The hoose we were lookin for was in a cul-de-sac. It wis a hoose, no a flat, nothin very special aboot it, except that they had they net curtains, know the kind that cross ower and tie back? And they were pink, bright pink. Ah don't know why but somehow that made me feel better. Would folk that put up bright pink net curtains be the sort that would beat ma da tae a pulp?

'Right, Rinpoche, this is it. Anne Marie, you stay in the van.'

'Da, ah'm comin with yous. Ma ma said . . .'

'Look, hen, it's for your ain safety. Just in the unlikely event of there bein any bother.'

'I think she should come, Jimmy,' said Sammy. 'If the parents see that you are also a father, they will be more likely to listen to you.'

Ma da nodded. 'Aye, see whit you mean, Lama. But just keep yer mooth shut, wee yin.'

'Aye, Da.'

A wumman opened the door.

'We're here tae see the baby,'says ma da.

'Oh, aye, come on in. She's sleepin the noo. Ah'm Sharon's mammy, she's just gone oot tae the shops, she'll be back soon. Sorry, son, ah don't think ah know you, you're . . . ?'

'Jimmy McKenna.'

She set aff doon the lobby wi us followin on behind. She paid nae heed tae the lamas, just kept chunterin on.

'You'll be a pal of Tommy's, then? Ah'm lossin track of who everybody is. This place has been like Central Station all week, ah cannae believe the number of folk that have been tae see this wean. Ah'd forgotten whit it wis like when the first wan's born. Aw the lassies fae Sharon's work came roon yesterday – therteen of them there wis, you should of seen the presents they brung. That wean'll get spoilt rotten. At least tae the next wan comes alang. Sharon'll no know whit's hit her then. She thinks this is hard work. Wait tae she's had four or five – her man'll no even bother tae visit her.'

She opened the door of the livin room and we trooped in. In the middle of the flair wis a Moses basket, draped in pink frilly covers.

'Whit did they cry the wean?' says ma da.

'Olivia,' says the wifie.

'Olivia. At's nice.'

'Aye, it's a nice enough name but ah don't know how

they couldnae have cried her efter sumbdy in the faimly. Still, young yins nooadays, dae things their ain way.'

'How auld?'

'Wan week the day.'

We all stared at the baby, well no at her exactly since you could only see a glimpse of skin between the frilly stuff and a wee white hat. Ah wondered when ma da was gonnae start his speil aboot the wean bein the new lama. He shuffled fae wan foot tae the ither, lookin at the lamas, who stood smilin at the wean in the cradle.

Then she opened her eyes and looked at us. Ah've never seen a newborn baby afore and ah thought they couldnae focus, yet this wee yin looked straight at us as if she knew everythin, could see right through you.

'Bright as a wee button, in't she?' says the granny.

'That wean has been here afore,' ma da says solemnly.

At this, the wee lama pipes up. 'Yes, he is the reincarnation of the twenty-ninth lama of the lineage of the Gyatso Luckche dynasty.'

The wifie nods at him. 'Whit's he on?'

'It's a bit complicated. You see, they're lamas, fae Tibet. And wee Olivia, has been picked by them tae . . . well, she's very special.'

'You can say that again,' says the granny. 'She's a beautiful wean, right enough, good as gold. Never cries.'

'His nature is like the bright sun. One of the signs,' says Ally.

'But whit is it she's been picked for? Sharon wis gonnae enter her for that *Evenin Times* Beautiful Baby competition, but ah don't think the closin date's tae next week.'

'Well, no, it's no exactly a beauty competition. It's mair . . . spiritual beauty.'

'Spiritual beauty?' The wifie looked at the lamas, her eyes narrowin a bit.

'His spirit is clear like running water,' says Hammy, and the others nodded.

'Haud on a minute. Whit's gaun on here? Who are these guys?'

'They're lamas, holy men.'

'Are yous anythin tae dae wi the Mormons?'

'Perhaps, Jimmy, you could explain the lineage of this beautiful boy whose eyes are like stars which will light the world.'

Ah wis beginnin tae get fed up wi this stuff.

'Perhaps, Da, you could explain tae the lamas that a wean in a cot wi pink frilly covers isnae a boy.'

'Not a boy?'

'Naw, Rinpoche, it's a wee lassie, Olivia . . . ah thought you . . . surely it disnae make any difference?'

Ally shook his heid. 'I'm very sorry, Jimmy, but the baby we are looking for is a boy.' He turned tae the wifie and bowed. 'We are very sorry but this baby is not the one. Please accept our blessing.' He took his prayer beads and waved them above the wean's heid, mutterin some stuff ah couldnae unnerstaund, then the lamas turnt roond and heided towards the door. At this point Olivia decided she'd had enough and let oot a roar.

'Haud on, whit d'yous think you're daein? You've made the wean greet, wavin they rosary beads in her face.'

She turnt tae ma da. 'And as for you, ah don't know whit the hell you're up tae but it's no funny. Tommy'll kill you if he funds oot – he's a good Protestant, so he is.'

'Let's get ooty here, Da.' Ah startit tae push him up the lobby. 'Sorry, Missus, he didnae mean any herm.'

*   *   *

Ma da wis awfy quiet on the way back in the van. Ah thought the lamas would be dead disappointed that the wean wisnae the new lama but they never seemed that bothered, went on wi their prayin as though nothin had happened. Ah wis startin tae unnerstaund how ma da had been that taken wi the lamas; there wis sumpn aboot them, they were that cheery and smiley that you couldnae help likin them. But wan thing bothered me.

'Rinpoche, can ah ask you sumpn?'

Sammy paused in his prayin and turnt roond fae the fronty the van. 'Of course.'

'Know how thon wean wisnae the new lama – is that because yous had been tellt it definitely wis a boy this time, or does it have tae be a boy?'

'The lama is always male.'

'Is that no a bit sexist?'

'Shoosh, hen,' says ma da. 'It's different for them.'

'How's it different?'

'You don't unnerstaund.'

'How am ah gonnae unnerstaund if ah don't ask?' Ah turnt back tae Sammy. 'Ah mean, yous went harin aff lookin for him in Carmunnock. Yous were dead certain aboot it, but the minute yous fund oot the wean's a lassie you're oot the door. Suppose Olivia is the new lama?'

'Only a male child can be the successor to the lineage. It is our tradition.'

'That's no a reason. That's whit they said aboot no lettin lassies on the fitba team at school but when Alison's ma wrote tae sumbdy on the cooncil they had tae let us play. And ah'll tell you sumpn, the team wins a sight mair often since there's lassies on it.'

'Look hen, this is no the same thing. Just leave it the noo, eh?'

'But, Da . . .'

'Anne Marie, ah said leave it.'

Ah wanted tae go on but ma daddy sounded mair weary than anythin so ah shut up. Anyway, there wisnae much point in arguin wi the lamas, they just kept smilin and clickin away at their prayer beads.

But ah couldnae let it go in ma heid. Ah knew it wisnae right and ah think in his hert ma daddy knew as well and that was how he wis quiet. Thon time wi the fitba team, ma da wis right behind us. He wis the wan that taught me tae play in the first place. Ah decided tae talk tae him on his ain, later.

Liz

THE GARDEN OF the cottage was a real suntrap. Never a breath of wind and a bench sat right where it caught the sun all day. We've been comin here the first week of July for years and always been dead lucky with the weather. Jimmy, Anne Marie and me always went abroad as well but Mammy doesnae like flyin and it's a chance for her tae get a break.

Ah watched her carry the tray doon the stairs, concentratin on every step; there was a slight blur round her haund – wasnae sure if it was the sun playin tricks or if they really were shakin. Mammy's only sixty-three and up till a few month ago was as fit as a flea, but she had a wee turn just in April there, and she's no been hersel since.

She sat doon beside me on the bench and put the tray on the white plastic table.

'This heat would melt ye.'

'Well, it's gonnae melt they chocolate biscuits in two seconds flat.' Ah nodded at the plate piled high wi Jaffa Cakes. 'How many are you plannin tae eat?'

'Ach, ah was thinkin Jimmy and Anne Marie would be here.'

'They're still at the beach.'

Ah lifted the plate and took it inside tae the cool of the kitchen. The chocolate was startin tae melt already. Ah left three of the biscuits on the plate and put the rest in the biscuit tin. When ah went back ootside Mammy was flickin through a magazine.

'Would you look at the price of that jumper?' She pointed tae a multicoloured crocheted thing hingin aff the model's shoulder. 'Four hundred and eighty-five pound – and she's layin aboot on a beach gettin it covered wi sand.'

'Looks like wanny they cushion covers Auntie Betty used tae crochet. Pity she's no still around – ah could of got her tae make me wan – be dead trendy on the beach.' Auntie Betty was Mammy's aulder sister – she'd passed away three year ago.

'Aye, Betty was lovely at crochetin.'

'Aye, Ma, pity she was colour-blind.'

Auntie Betty used tae make squares in hideous mismatched colours then sew them thegether intae cushion covers and blankets. Mammy's hoose was full of them.

'Aye, well, whoever crocheted thon jumper must of been colour-blind too – and look at the money they're gettin for it.'

'Suppose so. But it's the designer that gets the money – the poor sods that make them probably get paid buttons.'

Mammy put the magazine on the bench and lifted the

mug of tea tae her lips. Ah took a sip of mines but it was too hot for tea; ah felt as if it was stickin tae ma tongue. Ah picked up the magazine and turned tae an article aboot mobile phones.

Mammy looked over ma shoulder. 'Thought you'd just bought a new wan?'

'Ah did. But ah'm thinkin of gettin wan for Anne Marie. It's only four weeks tae her birthday.'

'A phone? At twelve?'

'Ah know. At first when she asked me ah said no. But then ah thought it was actually a good idea. She'll be at secondary next year – and if she's got a phone at least ah'll know she's safe.'

'Whit does Jimmy think?'

'He thinks it's daft but you know Jimmy – whatever Anne Marie wants she gets in the end.'

'Aye, lassies can aye wind their daddies round their little fingers.'

'And to be fair, Anne Marie doesnae really ask for much, no when you hear aboot some of them.'

'Naw, she's a good lassie.'

'These pay as you go wans are dead cheap and you cannae run up bills on them. But don't say anythin to her.'

'Ah'll no. It's hard tae believe she's twelve this year. It's amazin how the time flies.'

'You're tellin me.'

Ah left Mammy at the hoose and went doon tae the beach. Jimmy had built an enormous sandcastle, wi turrets and a moat, and Anne Marie was decoratin it wi shells.

'Yous've been busy.'

Ah started tae pick up shells, toty pale pink and lilac conches buried in the sand. 'Here. How aboot these?'

'Thanks, Mammy. Ah'll put them round the turrets.'

'When you've finished we'd better get up the road – remember we're gaun oot for wer dinner the night.'

'Plenty of time.' Jimmy pulled aff his tee shirt. 'C'mon, who's fur a swim?'

'Ah've no got ma swimsuit on.'

'So what? Race yous.'

He ran across the beach, Anne Marie and me followin, mair slowly; it's too hard tae run on sand, the wee bits of shell and seaweed jag intae yer feet if you don't take the time tae pick yer way between them. Ah stood at the edge of the water, dippin ma toes in the ripples, then Jimmy started tae splash me and ah splashed him back and the next thing ah knew ah was soaked tae the skin. Ah moved further intae the water; it was freezin and ma shorts and tee shirt felt heavy and clingin round me but the sun was burnin ma heid and ah could hear the seagulls cryin. The sand sloped away suddenly and ah stood waist high in water. Jimmy grabbed me, liftin me high oot the water then doon and ah caught ma breath for a minute and shut ma eyes, feelin the cauld water and the heat aff the sun and the nearness of him all at once. He jumped me again, pushin me high in the air then lettin me doon again, and the two of us stood there, just lookin at each other. Him silhouetted against the sun, his face dark and his hair glintin bright and he was laughin.

Ah peeled aff ma wet claes, chucked them intae the washin basket and jumped under the shower. It was roastin and ah turned the dial round tae make it even hotter, staundin there wi ma eyes shut, feelin the heat surround me. Ah could hear music – must be in the next room but it was muffled as if it was far away and ah could just make it oot. 'Material Girl'. Anne Marie was obsessed wi Madonna.

Ah dried masel, wrapped ma dressin gown round me and opened the bathroom cabinet. A box of Tampax fell oot and skited across the flair. Ah picked it up and stuck it back on the shelf. Ma period had finished two days ago and ah'd need tae remember tae start takin ma pills again the night. Ah sat doon on the toilet seat and opened a bottle of body lotion, smoothed it over ma legs.

'One fish pie, one lemon sole, one fish tea and one scampi and chips. That it?'

'Aye, thanks.'

The waitress was a young lassie aboot seventeen, fair hair tied back in a pony tail. She looked at us, nodded, then heided aff intae the kitchen.

'It's warm in here, isn't it?'

'Aye, you could mibbe take your cardi aff, Gran.'

'Ah'm fine.'

It was mobbed as usual. The restaurant was at the back of the pub and there were always folk waitin in the bar for a table.

The lassie came back wi our drinks.

'Do you want the tea now or will you wait till after your meal?' she asked Mammy.

'Ah'll have it the noo, hen.'

Anne Marie footered aboot wi her straw. 'Ah'm starvin.'

'The food'll be here soon. They're always dead quick in here.'

At the next table there was a faimly wi a couple of weans. Wan looked aboot six and was colourin in a picture, his face intent on whit he was daein. The other was in a high-chair, eatin chips, coverin hissel and everythin round him in tomato sauce. He seen me lookin at him and gied a big grin.

'You forget what it's like at that stage, don't you?' ah said.

'Whit stage?' Jimmy looked round. 'Oh, aye.' He dug Anne Marie in the ribs. 'Ah mind when mair of your dinner ended up on ye than in ye, hen.'

Anne Marie made a face. 'Aye well at least ah don't dae it noo – you should see yersel eatin tomato soup.'

We got back fae the meal in time for Mammy tae watch *EastEnders* – ah think the world would end if she missed it. While she sat clocked in fronty the box, me and Anne Marie went on wi the jigsaw puzzle. Wanny they holiday traditions – ah'd nae mair think of daein a jigsaw at hame than fly in the air, but every year afore we came here, ah went tae Woolies and bought wan. It was set oot on the table in the livin room and everybody done it; got quite obsessive sometimes – you'd find yersel sittin up skelly-eyed, tryin tae finish it afore you went hame. This year's was a cottage wi a thatched roof and roses round the door. It had a duck pond in front of it and that was hellish – wanst you'd got the ducks the rest of it all looked the same, water like glass.

When the programme finished Mammy switched aff the TV and came and sat at the table. She started pickin oot dark green bits. 'Must be the hedge.'

'Or the grass at the bottom.'

'Too dark. By the way, where's Jimmy?'

'In the bedroom,' ah said.

'Meditatin,' said Anne Marie.

'He done it last night.' Mammy fitted a piece of hedge in, then took it oot again. 'That's no it.'

'He does it every night, Gran.'

'Every night? How?'

'He likes it,' said Anne Marie.

'He's sumpn else.'

'Each to his ain,' ah said.

'Aye, said Anne Marie. 'Some folk like meditatin, some prefer *EastEnders*.'

The rest of them were in bed but ah was still up, daein that flamin jigsaw puzzle. There was fifteen bits of pond in front of me, all lookin exactly the same. Ah'd stick two of them thegether, then try them the other way round. Worked either way but then ah couldnae get any of the other pieces tae fit. Ah looked up at the clock. Midnight. Must be gaun daft – what difference did it make if it got finished or no?

Ah sat back in the chair, stretched ma airms above ma heid. Jimmy'd went up an hour ago but ah wasnae sure if he'd be asleep. Ah knew we should talk but ah kept puttin it aff. This meditation stuff. It was all very well me sayin tae Mammy it was just sumpn he done, as if it was like gaun tae the footie, but it wasnae. Ah didnae know why he done it or what it meant tae him. It just wasnae like him tae want tae be on his ain. Usually it was the other way round – me tryin tae get a bit of peace and him the wan that never shut up.

Ah went intae the bathroom, took cleanser oot the cabinet, squeezed it ontae a bit of cotton wool and rubbed it over ma face. Ah lifted the pack of pills and stood lookin at them. And a picture came intae ma mind; the wee boy in the high-chair, smeared wi red, smilin at me and the other wan, quiet, colourin in.

Nearly every month ah done this, looked at the pack, thought aboot talkin tae Jimmy. Mibbe ah shouldnae bother, mibbe ah should just chuck them in the bin and let nature take its chance.

Ah stood there for a minute, lookin at the days printed under each wee bubble on the pack. Monday, Tuesday, Wednesday. Wednesday. Ah pushed the plastic casin till the pill popped oot, then put it in ma mooth.

Jimmy

IT WIS DAURK when ah got there and ma heid wis wasted drivin on they wee twisty roads. Ah parked the van and went intae the hoose. It wis a huge buildin, used tae be a hotel or sumpn afore the lamas took it ower. In the hall wis this big skinny guy, blue robes an a shaved heid. Wisnae Tibetan though, sounded dead posh.

'Excuse me,' he says. 'Could you leave your shoes in the porch please?'

'Sure thing, pal,' ah says, feelin a bit stupit when ah turnt round and seen rows a boots and shoes and a big sign: 'Please leave all outer footwear in the porch. Slippers only to be worn inside the house.'

Course ah'd nae slippers so ah hud tae go aboot in ma stockin soles, and did ah no huv a big hole comin in the toe ae the right yin? Just as well Liz wisnae here – she'd huv been mortified. The big guy stauns waitin while ah take aff ma boots.

'Hope yous've got air freshener in here,' ah says, but he just looks at me.

'My name is Vishanadanashonta.' (Well, it wis sumpn like that. Ah didnae like tae ask him tae repeat it.)

'Jimmy McKenna,' ah says, puttin oot ma haund, but he just bows.

'I think everyone else has arrived. We're about to eat.'

'Thank God. Ah could murder a plate a mince and tatties.'

Ah wis jokin, ah knew the food wis aw vegetarian, but he just looks at me as if ah'm daft.

'Only jokin, Rinpoche.'

'I'm not actually called Rinpoche,' he says. 'I'm a trainee. I haven't taken my final vows.'

'Sorty apprentice, ur ye?'

'You could say that.'

He opens the door on tae the main room. At the far end was a log fire wi cushions and bean bags piled roond, and in the middle were three wooden tables. Aboot thirty folk sittin at them. The caundles on the tables and the firelight made it look kinda welcomin, but ah wis feelin definitely ooty place.

'There's a chair here,' says Vishanawhitsisface.

Ah sits doon at the endy the table next tae a young guy wi a shaved heid and aboot twenty-five earrings on the wan ear. Vishana pits a bowl a soup in fronty me and the wee guy passes doon a plate wi big dauds a breid cut up rough on it. Ah get wired intae the soup. It wis good, dead thick wi loads a different veggies in it. 'Pass us the butter, pal,' ah says tae the wee guy.

'It's soya margarine,' he says. 'There's a lot of vegans here.'

'Aw well, it's good tae mix wi folk fae another planet, intit?'

He doesnae answer, so ah try again.

'Didnae know they hud Buddhists on Vega, but. Thought they were aw Mormons there.'

The wee guy nods and cairries on eatin his soup, and the auld guy opposite just looks at me as if ah'm the wan that's come fae another planet. Ah'm beginnin tae panic a bit. Ah wis really lookin forward tae this retreat but so far it's hard gaun. Then ah catch the eye of a wumman on the other side ae the table, coupla seats doon. She's smilin at me and ah'm no sure but ah think she actually winked.

Anyway at this point Vishana comes back and asks if anybody wants mair soup, and ah says, 'Thanks a lot but ah'll hang on fur the next course.'

'There's fruit for the next course,' he says.

The wumman across saves me.

'Have some more soup,' she says. Her voice is quite posh but no English, mair Edinburgh or sumpn. 'You've just arrived, haven't you? You must be hungry.'

'Aye,' ah says, and Vishana ladles oot mair soup.

'Thanks, pal, it's great soup.'

'Thank you,' says he, 'I made it myself.'

Efter we've finished we get a cuppa tea and sit roond the fire while Vishana tells us aboot the weekend. Meditation three times a day and teachin every mornin. Efternoons free. We've got chores as well; makin meals, washin up and that. Ma job is choppin the veggies the morra efternoon. And then there's the boy scout bit – nae bevvy, nae fags, boays on wan sidey the hoose, lassies on the ither. Ah didnae expect a

Buddhist retreat tae be an orgy but there wis a couple there, merriet and all, and they wouldnae even be sleepin in the same room. Ah thought that wis a bit weird.

'Any other questions?' asks Vishana. Naebdy says anythin. He smiles. 'All we ask of you this weekend, is that you stay mindful. Pay attention.'

Surely that couldnae be too difficult, no for a weekend.

The first meditation session started at nine o'clock that night. The meditation room wis separate fae the main part of the buildin, a big shed wi high windaes and cushions and blankets on the flair just like the wan in the centre. At the far end wis a statue of the Buddha, sittin in the lotus position wi his eyes shut.

We filed in, efter takin aff wer shoes in the cloakroom, and took up wer places. Ah thought ah wis gettin a loat better wi this sittin cross-legged but at the Centre it was only fur twenty minutes at a time. And ah don't know if it wis bein tired efter a day's work, or the drivin or whit, but ah couldnae sit still. Vishana talked us through the mindfulness a breathin meditation but ah couldnae settle. Ah kept fidgetin, and every time ah made the slightest wee movement ah felt as if everybuddy could hear it, cos it wis dead quiet except fur some guy ower tae ma right somewhere who sounded as if he wis on a life-support system.

And as fur ma mind. Mindfulness aye, but no the way Vishana meant. Ma mind wis full aw right – thoughts fleein aboot lik motors on a racin track. Vroom, vroom, wan efter anither. And the main wan that kept comin up wis, whit the fuck are you daein here? Ah couldnae stop thinkin aboot the look on Liz's face when ah went oot this mornin.

'See you on Sunday night, hen.'

'So you're gaun, are you?'

'Ah've said . . .'

'Aye, ah know. Well, have a nice time.'

Ah'd went tae kiss her but she turnt her face away and that wis whit kept comin back tae me as ah tried tae focus on ma breathin. That picture ae her staundin in the kitchen, butterin toast, wi her back tae me and just the line of her neck, tense, held in. If she'd only shouted at me, chucked the toast at me, that'd have been OK; ah can haundle that, blow up, blow doon, but ah hate this no sayin.

Then the next thing ah know, the meditation's ower and we're back in the big room. Ah thought we'd sit roond the fire, get tae know each ither a bit but Vishana mair or less tells us tae get tae wer beds.

'Early start tomorrow morning. Meditation at six a.m. in the prayer room. See you all there.'

Turnt oot ah wis sharin wi the wee guy wi the earrings and another tall, skinny bloke wi straggly grey hair tied back in a pony tail. Ex-hippy lookin. The room had three mattresses on the flair and ah chucked ma sleepin bag and rucksack on the wan unner the windae.

'Ah'm Jimmy McKenna,' ah says, stickin oot ma haund. The tall guy takes it and gies it a squeeze.

'Jed,' he says. 'Glad to meet you.' Sounded a bit American.

'Gary,' says the young guy, and turns his back, takin stuff oot his rucksack.

'Have yous been here afore, then?'

'I've been a few times, yeah,' says Jed. 'I go to other workshops too, though, not just Buddhist ones, go round them all, get a taste of everything, you know.'

'Aye, right enough,' ah says. 'You don't need tae just support the wan team. Whit aboot you, pal?'

Gary's footerin aboot, pittin a wee widden statue of the Buddha on tae the shelf above his mattress. He doesnae turn roond.

'Ah've been coming for the past three years.'

'You must be pure brilliant at this meditation lark then. God, that wis heavy gaun the night. Ma mind wis birlin.'

'Some days it's like that,' says Jed. 'Best to accept it.'

'Suppose so. It wis hard gaun at first, never thought ah'd get the hang ae it. It's just that ah thought ah wis gettin better, know?'

Jed laughs. 'That's fatal.'

Ah take oot a hauf bottle a Bell's fae ma rucksack. 'Fancy a nip, pal?'

Jed pits his haund up. 'Woah, that stuff's poison. No wonder you're having a problem with focusing.'

'Ah wisnae drinkin afore the meditation, but. It's just a nightcap.'

'Yeah, but you're relying on it to make you feel better. It's addictive.'

'Look, ah'm no an alkie, pal. Ah just like a wee bevvy, right?'

Jed put baith his haunds up. 'Hey, it's cool, whatever. I'm just saying, it doesn't really make for clarity. And that's why we're here, right?'

Ah climbed intae ma sleepin bag, took a few swallys oot the bottle. The whisky went doon warm and rough ower ma throat. Ma body stertit tae heat up inside the sleepin bag and the tiredness hit me. Whit wis ah here fur? Fuck knows.

Ah wis nae clearer the next mornin when ah got woken up

at quarter tae six wi a bell ringin in ma ear. At furst ah thought it wis a fire drill or sumpn then ah remembered the meditation. No way. Ah turnt ower and went back tae sleep. Next thing ah knew Jed wis shakin me and the sun wis streamin through the windae.

'Christ, whit time is it?'

'Quarter to nine. The teaching starts in fifteen minutes. Thought maybe you'd like to be there.'

'Thanks, pal.'

Ah scrambled up and intae ma claes, splashed ma face wi cauld watter and got doon the stair in time tae grab a plate a cornflakes and a cuppa tea afore the session. They're aw sittin in this big dinin room, some on chairs set oot in a hauf-circle, ithers sittin on the flair, cross-legged. Vishana's in the lotus position at the front and beside him is a big vase a lilies.

Ah grab a seat at the back. Ma mooth feels like the insidey a budgie's cage: no that ah'd drank much whisky last night, it's just ah need aboot three mugs a tea afore ah come to in the mornin and ah'd only hud time fur wan. Ah'd nae time tae brush ma teeth either and the cornflakes were stickin tae them. Ah kept tryin tae dislodge them wi ma tongue. Ma arse wis numb wi sittin on this plastic seat and ma mind sterted tae wander ootside where the trees were swayin aboot in the wind. They're pure beautiful, so they are, leaves turnin gold an red and bronze; ah love they autumn colours. Ah wanted tae paint a room in the hoose in them, thought it'd be nice in the bedroom, but Liz didnae fancy it. That's the thing aboot bein a painter; ye spend yer time paintin folk's hooses but you never get the chance tae pick the colours. Maisty the time ah don't gie a toss; it's ma job, and there's a kind a satisfaction in watchin a wall turn fae sumpn dingy and streaky tae clean and fresh. Just watchin the paintbrush travellin doon the wall, know, takin the colour wi it, that's enough. Ah've been daein it fur twenty year and ah still think it's the goods.

Suddenly ah realised that Vishana'd stoapped talkin and everybuddy wis lookin at me.

'Jimmy?'

'Sorry, Rinpoche, ah was in a dwam. Whit were you sayin?'

'I was asking how you found the meditation. How's it been since you arrived?'

'Well, tae tell the truth, it's a bit heavy gaun.'

'In what way?'

'Ma mind keeps fleein. Ah cannae concentrate. And ah thought ah wis gettin a bit better at it.'

'Sometimes it's like that. You just have to sit it out. I noticed you looked a little uncomfortable last night. You know you don't have to sit on the floor. You could use a chair if it's easier.'

'Ah thought it wis the right way – at the Centre they tellt us tae sit on the flair so's we were grounded.'

Vishana smiled. There wis sumpn smarmy aboot him ah didnae like. Mibbe it wis his English accent or the way he wis dressed in they robes when he wisnae a real Tibetan or that, but he just got right up ma nose.

'Ideally, yes, but you have to remember that in the East people are used to sitting cross-legged from childhood. They don't use chairs.'

'Ah know that.'

'We can't expect to learn to sit in a short space of time. Sometimes it's better to forget about sitting in the lotus position. Just be comfortable and you can focus on the actual meditation.'

'OK. Ah'll try it.'

'I think I might try it that way too.'

It was the wumman who'd spoke up last night when we were havin wer soup. She'd been sittin in the lotus position when we were meditatin.

'I find I get a sore back if I sit too long. Maybe I've been getting hung up on getting the position right.'

'It's your choice,' says Vishana.

At the coffee break the wumman came ower and sat beside me. She wis tall wi her hair cut dead short and she'd these big dangly earrings jinglin fae her lugs. It wis hard tae work oot whit age she wis; could of been anythin fae therty-five tae forty-five. She wis dressed in black wi a flowery-patterned shawl thing flung ower her shooders.

'I'm Barbara,' she says.

'Jimmy McKenna.'

'You're from Glasgow?'

'And me wi ma posh voice on.'

'I lived in Glasgow for three years; I really liked it. Beautiful buildings.'

'Where d'you stay noo?'

'Edinburgh. My home town.'

'Edinburgh's nice too. Anne Marie likes the castle and we used tae go tae thon Museum a Childhood when she was wee. Gettin big fur it noo.'

'Anne Marie's your daughter?'

'Aye.'

'How old?'

'She's twelve. First year at secondary. Looks aulder though. Big fur her age. Huv you any weans?'

'No.' She lifts her coffee cup. 'Better put this back. I think we're starting again. See you later.'

'Aye, right.'

The next session Vishana talked aboot reincarnation. This wis sumpn ah couldnae get ma heid roond. As far as ah'm concerned, wanst yer deid, yer deid. Aw the stuff ah wis brought up wi, heaven and hell and limbo and the next life – that wis daft enough but compared tae reincarnation it sounded dead sensible. Ah mean, at least you're the same person livin yer life here on earth, then gaun somewhere else. Simple. But if yer reincarnatin aw the time, how come you don't remember who you were in the previous life? Or are you somebuddy different each time?

Somehow it hud never mattered afore, in the Centre wi the lamas. Ah knew they believed in aw that stuff but ah'd never really bothered tae find oot aboot it. It wis enough just tae go there, dae a meditation, have a cuppa tea and go hame. Ah liked bein wi them; they were that funny and the way they looked at you made you feel good. But this Vishana guy – ah knew it wisnae really his fault but it's no the same. So ah just sat, lookin oot the windaes at the trees, ma belly rumblin, waiting fur the dinner break.

Mair soup fur lunch, left ower fae last night, but this time it hudnae been heated up enough. Ah hate soup that's luke-warm, but naebuddy else seemed that bothered; they were either eatin away in silence or discussin reincarnation.

'Who do you think you were in a past life, Alice?' says a big wifie wi dyed jet-black hair hingin roond her heid like a witch.

'Cleopatra,' says her pal, shovin her hair back so it didnae dangle intae the soup. It's funny, aw the folk on this retreat either have their hair long and straggly or else dead short.

'Come on,' says the pal. 'Everyone says they were Cleopatra. Nobody ever thinks they were ordinary.'

'I can dream, can't I? How about you?' she says, noddin at me. 'Who d'you think you were in a past life?'

'Huvnae a scooby, missus. Tae tell the truth, ah don't really unnerstaund this reincarnation lark.'

She and her pal start laughin. 'Hark at you,' says Alice. 'If you understood it, you wouldn't be here, would you?'

Ah couldnae figure oot if they were laughin at me or no, but ah wis saved havin tae reply by Jed, who said, in a slow, serious voice, 'Surely, the point isn't where we came from, but where we're going.'

Gary pipes up. 'Yeah, it doesn't matter who we used to be in a past life, but who we're going to be in the next life.'

'I thought we were supposed to stay in the present,' says Barbara.

Alice's pal stopped eatin and held her soup spoon in the air as if she wis blessin us. 'Truly being in the present encompasses both the past and the future. You have to hold them all together as one.'

'Amen, oh great one,' says Alice. 'You hit enlightenment today, Shirley?'

'Just call me Cleopatra,' she says, turnin back tae her soup.

Ah'd an hour tae kill afore ah'd tae go and chop the veggies fur the dinner so ah went oot fur a walk. The roads roond the Centre were dead quiet and it wis beautiful there; rough fields wi sheep grazin, trees turnin autumn colours. It's no sumpn ah dae much, go fur walks. Sometimes if we've a job on ootside Glesga ah drive through the countryside but ah'm aye hash-bashin alang in the van wi the guys, music blarin, no lookin at the scenery.

The conversation at dinner time had made me feel better.

Alice and her pal were a laugh, and the way everybuddy wis talkin sounded as if they werenae sure whit it wis aw aboot either. Mibbe ah wisnae that daft efter aw. And there wis sumpn, no exactly excitin, couldnae find the word fur it – ah suppose mibbe you'd say stimulatin, if it didnae sound sexy – but anyway, sumpn aboot listenin tae folk talkin aboot ideas, things ye couldnae quite unnerstaund. Ah mean, the guys ah work wi wid be cartin ye aff tae the funny farm if ye tried tae have a serious conversation, and wi John it's the footie, and Liz and me it's Anne Marie or the hoose or that. There's naebuddy that talks aboot anythin beyond the day tae day.

Ah never want tae see another fuckin carrot in ma life. Hate the orange bastards. Mountains of them in a basket in the corner of the kitchen – ah'll be in a basket in the corner by the time ah've finished choppin them. No that ah mind choppin a few veggies, it's no that. It's just, why don't they gie folk chores they're good at? There's this wee skinny lassie, anither wanny the pierced brigade, and she's cartin in huge logs for the fire. Ah offered tae help but she looked at me as if ah'd pit ma haund up her skirt. She's practically cairryin them in wan at a time cos they're that big fur her, and ah could of done them in five seconds flat. Ah like choppin wood an ah know how tae dae it right, worked on the forestry wan summer years ago up north.

Carrots, on the other hand, are no ma forte. Jeez, ye huvtae manhandle them tae get them tae stay on the choppin board, they keep skitin aff every time ah pit this knife in them, and as fur the shape – well, ah hope they're no expectin nouvelle cuisine. No that the knife helps. It's as blunt as buggery, which is why next minute ah'm staundin here lookin like a scene fae *Reservoir Dogs*.

Barbara puts a clean tea towel roond ma haund but in a few seconds the blood's soaked through.

'That's a deep cut. Press hard on to the wound – there must be a first-aid kit around.'

Vishana appears and leads me intae a wee room aff the kitchen where he produces a green box fulla plasters and dressins. Ah let him get on wi it, cannae bear tae look at things like that.

'This is nasty. Keep the pressure on it for a few more minutes till the blood loss slows down, then I'll clean it up and dress it. Hold tight.'

'Ah'm ur haudin tight.'

'How d'you do it?'

'Choppin carrots. Hope there's no a bit of finger in the stew the night. Bitty a shock fur aw they vegetarians.'

'It won't be the first time.' He cracked a wee smile. 'You're not used to chopping carrots, I take it. Or do you prefer them with bits of flesh in them?'

'Ah'm better at choppin wood actually. How come you don't gie chores tae folk that can dae them best?'

Vishana slowly unwound the tea towel. The blood was still flowin, but no as bad.

'Getting better.' He started tae dab at the wound wi a bit a cotton wool. 'This may sting a bit.'

He wisnae kiddin.

'So Jimmy, you think people should get to pick which chores they're going to do?'

'Might make mair sense – ah mean, thon wee lassie that wis choppin the logs . . .'

'You think she should have chopped the carrots?'

'No necessarily choppin carrots, but she could of done sumpn else she'd be mair suited to.'

Vishana took a dressin oot a sealed pack.

'Cleaning the toilets, perhaps?'

'Aw, come on, ah never said that . . .'

'You suggested people do the chores they're most familiar with. Most women are more used to cleaning toilets than men are.'

'Aye but ah'm no meanin tae be sexist; it's just that some jobs need strength.'

'And some need other things.'

He wrapped the dressin roond ma haund and pressed doon on it haurd.

'Jimmy, I understand what you're saying, but we allocate jobs on a random basis, not just to be fair but because sometimes you can learn more from doing an unfamiliar job you find difficult rather than one you can do easily.' He smiled. 'Reflect on it. While you're chopping the rest of the carrots.'

But when ah got back intae the kitchen Barbara'd practically finished them.

'Thanks,' ah said. 'Can ah dae sumpn?'

'It's OK, that's them,' she says, scrapin the last of them aff the choppin board intae a big bowl. 'Take them over to Simon; he'll put them in the stew.'

'Right.' They were that neat the way she'd done them, no the big dauds ah'd managed. 'How d'you get them that neat wi thon blunt knife?'

Barbara's wipin the choppin board and the work-surface wi a cloth. She turns roond. 'I sharpened it. Didn't you see this?' She points tae a big electric knife sharpener at the other end ae the work-surface.

'Eh, naw, never seen it.' How could ah have missed it? Never dawned on me tae look fur it of course. See whit

Vishana wis sayin is all very well, but that's it, in't it? A wumman thinks tae sharpen a knife that's blunt but a man just goes on choppin wi it and ends up cuttin hissel.

That night in the prayer room, ah sat listenin tae the rain. Ah'd gied up on the meditation, couldnae concentrate again. Ah wis tired and everythin that had happened ower the weekend so far wis churnin away inside me; the new folk, the stuff ah couldnae unnerstaund, Vishana and they fuckin carrots, and ah felt weary in ma bones. Ah'd taken Vishana's advice and sat on a chair insteid ae tryin tae dae the cross-legged bit, and ah fund ma fingers drummin on ma leg in time tae the rain's rhythm. Ah stopped and pit ma haunds on ma legs, just rested them there and listened. The prayer room had a glass roof and you could hear every drap; some plip-ploppin, some squelchin and some thumpin doon as if they were gonnae break it. And somehow ah fund masel followin the raindraps as they landed on the roof, no really listenin, no anythin, just sittin. Sometimes it got a bit heavier and sometimes the wind would blaw it soft, makin wee skittery noises, like an animal scratchin.

And it wis like the rain wis alive, know, and everythin in the prayer room seemed tae disappear, couldnae hear anybuddy or see anythin; it wis just me and the rain.

Frosty. Very frosty. Liz, ah mean. Anne Marie wis neither up nor doon. Ah could of been away at a footie match for all the notice she took.

'Hiya, Da.'

'Hi, hen. D'ye miss me?'

'Were you away somewhere? Oh aye, ah thought ah hudnae seen much of ye this weekend. How's the yogic flyin comin on?'

'Very funny. Get you a spot on *The Fast Show* wi patter like that. Where's yer mammy?'

'Cleanin the bathroom.'

Ah should of known it'd be hard gaun by the smell a bleach. It's funny but when Liz is really really mad aboot sumpn, she goes mental wi bleach. The place is honkin – you just follow the smell and there she is, rubber gloves up tae her oxters, scourin away round the edges of the plughole wi an auld toothbrush. When we were first merriet ah thought she was just dead hygienic. Took me a while tae clock ontae the fact that efter the mad bleachin there was a big, big silence then an explosion.

Anyway, ah poked ma heid roond the bathroom door.

'That's me hame noo.'

Silence. Except for the scourin. Christ, the enamel'd be aff the bath at this rate.

'Ah'm away tae make a cuppa tea. D'you want one?'

Nae answer.

She'd thawed a bit by tea time, thank God. It was weird bein hame though. The hoose felt dead wee compared tae the retreat place and everythin seemed different, all the wee things you never even look at. Like there's a calendar in the kitchen wi pictures of animals, and September's animal is a polar bear. I mean why a polar bear for September? But ah'd never noticed it afore.

'This is great,' ah said, gettin wired in tae ma dinner.

'It's just chicken cacciatore.'

'Least it's no veggie cacciatore.'

'Was the food rotten at the retreat, Da?'

'Naw, hen, it was quite nice really. But no as good as yer mammy's.'

'Did they have a cook?'

'Naw, we all mucked in. Vishana gied us chores. Ah'd tae chop the carrots. Mountains of them.'

'Who was all there, Da?'

'All sorts. Ah was sharin wi a coupla guys called Gary and Jed. Jed was awright. Gary was a bit, you know, kinda spaced oot. But OK.'

'What did you dae all weekend? Meditate?' It was the first time Liz hud spoke.

'And chop carrots. Ach, there was a few talks and we'd time tae get oot in the fresh air – it's beautiful round there, dead quiet. Yous should come next time. There's another weekend comin up next month.'

'Ah don't think so. Wan member of this faimly wi his heid in the clouds is quite enough.'

'Can ah come, Da?'

Ah was aboot tae say aye when Liz drew me a look.

'We'll see, hen. We'll talk aboot it nearer the time, eh? Now how about you and me dae these dishes and we'll all sit doon and watch a video?'

All the time Anne Marie and me were washin up, ah fund masel gettin mair and mair worked up inside. This wee voice kept runnin through ma mind; can she no just gie it a chance, does she have tae gie it this *ah know best* stuff. Ah've always kind of looked up tae Liz, no looked up exactly but she's aye been the sensible wan oot the two ae us. Maisty the time we just get on wi it – we've known each other that long and ah've kind of bowed tae her judgement on the big things. Ah mean, she was the wan that wanted tae buy a flat, years ago. Ah'd have just kept on rentin – why gie yersel the hassle, but naw, she wanted tae buy. Worked oot the money stuff and went tae the buildin society. And she was right. We started oot in a room and kitchen an noo we've got a nice big three-bedroom flat and the mortgage is less than whit ma sister's payin in rent tae the cooncil for a hoose in a street that's no exactly brilliant.

But it's went on that long that noo she thinks she knows best aboot everthin. And she knows heehaw aboot this. No aboot meditation or the folk at the Centre. Which is fine. She doesnae have tae take an interest if she doesnae want, but why the hell can she no just let it be? How come she's got tae act all superior aboot it?

Ah managed tae hide ma feelins, kept it in for Anne Marie's sake. We had a quiet night in, watched a video, had a cuppa tea, as usual. But later, when Liz and me were on wer ain, the cracks started tae show. Ah felt awkward. Ah've no been away fae hame that often, the odd weekend at a match wi the boys or that, but ah've aye come back ready tae tell her all aboot it, lookin forward tae bedtime as you'd expect. But ah fund masel hingin aboot the bathroom efter ma shower, spendin ages brushin ma teeth and footerin aboot, kind of hopin she'd be asleep afore ah got intae bed. But of course she wasnae.

When ah got in beside her the frosties reached sub-zero. Ah wasnae feelin much like it anyway but thought ah'd better make a bit of an effort, but when ah reached ower her she rolled away as far as she could the other side. So ah turnt on ma side and said, 'Night.' And she done the same.

The next week we were daein a job in a big hoose, workin late every night tae get it finished. The guy was a pop star – his band had been big a couple a year ago – but it was his girlfriend who was in charge. He didnae gie a toss, was just puttin up the dough for it. Anyway he seemed tae have plenty brass tae chuck aboot.

It's funny – work. Everybuddy goes on aboot how they want tae win the lottery and chuck in their jobs but ah sometimes think that ah'm happiest workin. And ah wis glad tae have sumpn tae get on wi, that ah could dae wioot thinkin. That weekend at the retreat – ah enjoyed it, but it kind of done ma heid in. Aw they folk. Aw that flamin meditatin. Or should ah say, tryin tae meditate. The only bit ah really enjoyed wis thon night ah sat listenin tae the rain. Just sittin.

Just as well ah wasnae around much that week: by the time ah did get in at night ah was knackered and there was only time tae get a bit of dinner and flake oot in fronty the telly fur an hour afore bed. Gave things time tae settle doon between me and Liz. We just kind of forgot aboot it: there was nae time fur it tae become a big deal. On the Friday night we'd arranged tae go fur a drink and a meal wi Paul and his wife. We finished work early on the Friday, put the last coat on about two so ah got hame first. Ah'd bought a bunch a freesia and stuck them in a vase in the kitchen. It's Liz's favourite – she likes the smell. Ah jumped in the shower then went and laid oot on the bed. The tiredness seemed tae hit me all of a sudden and the next thing ah knew Anne Marie was staundin beside me.

'Is it that time already?'

'It's five o'clock, Da, Mammy'll be hame in hauf an hour.

'Five o'clock. Ah must of been asleep for hours.'

'You were snorin like a pig. Are yous no meant tae be gaun oot the night?'

'Aye, hen. Just gie's a minute tae come to. Ah hate fallin asleep in the efternoon.'

'Want a cuppa tea? Ah'll make you wan afore ah go roond tae ma granny's. Ah'm stayin there the night.'

'Ta, hen.'

The wee yin planted a cuppa tea doon on the bedside table and went aff. Ah was sittin, lettin the hot tea help me come to, when the door opened and Liz's heid appeared.

'Look at sleepin beauty.'

'You're early.'

'Mr Anderson was feelin kind – he tellt me tae go at hauf-four the day since it's the holiday weekend. Whit happened tae you?'

'Ah was pure shattered. Lay doon for ten minutes and the next thing ah knew the wee yin was staundin at the bed tellin me it's five o'clock.'

'Is she away round tae her granny's?'

'Aye. Whit time are we supposed tae be gettin them?'

'Angie phoned me at ma work. Siobhan's no well so they've called it off.'

'Nothin serious?'

'Naw, don't think so. Just a wee temperature – sumpn gaun round the nursery. But you know whit Angie's like. They just need tae cough and she's callin the doctor.'

'So, want tae just go oot wersels?'

'If you like.'

Liz was sitting on the bed, her back tae me. Her skirt had rode up a bit, showin her thigh and there's sumpn aboot the line of her neck, the way it curves on her shoulder, her hair kind of wispy over it. And it had been over a week noo. Ah put ma haund oot and touched her neck. Then ah moved closer.

'Or we could just stay in. Phone up for a Chinese. There's a bottle of wine in the fridge.'

'Uh huh.'

'Efter all, we've goat an empty hoose the night.'

She turned tae face me and ah knew it was OK.

Later, we were sittin up in bed drinkin the wine, ma airm round her.

'So how come yous have been workin aw these extra hours? Ah thought you said it was just a couple of rooms you were daein?'

'Aye, but that was afore this lassie started choppin and changin her mind aboot the colour scheme. See, she'd wanted the lounge painted champagne, tae match her Versace troosers.

'You are jokin.'

'Ah'm no, honest. They were leather, skin-tight, you should of seen wee Boabby's face when she came intae the room in them, ah thought he'd need resuscitated.'

'Some folk have got mair money than sense.'

'Nae skin aff our noses. At least we're gettin some of it. Anyway that wasnae whit caused the hassle.'

'Naw?'

'We got the shade matched and painted the room and it was lookin fine and we'd just started on the joe loss when her highness changed her mind. She'd got fed up wi they troosers, she'd bought a new pair and could we paint the room lilac noo?'

'Whit!'

'Ah'm no kiddin. It was the boyfriend tellt us, brung the troosers in hissel so we could match the exact shade. She was too busy. It was that important it looked right for a big party they were havin at the weekend.

'"You know whit women are," he says.

'"Oh aye," says Boabby. "Ma missus is just the same. Gets the kitchenette redecorated every time she gets a wee top oot What Evries."'

'You're havin me on, Jimmy.'

'Did you no see their kitchenette efter Irene got they leopardskin breeks – it took Boabby days tae get that spotty paint.'

She started tae giggle and dug me in the ribs.

'Hey, that was sore . . .'

'Sorry. Naw . . . ah mean, you know . . . the girlfriend gettin the livin room painted lilac.'

'Are you tellin me if ah had that kindy money you widnae be gettin the hoose repainted tae match yer gear?'

'If you'd that kindy money Jimmy, ah think you'd have wanny the Spice Girls fur a wife, no me.'

'That'll be the day.'

'The money, or the glammy wife?'

'Ah think you're glammy enough for me. Anyhow they Spice Girls are auld hat. Ah'd need tae get Britney.'

'Britt Ekland's mair your age. Anyway, if we were that rich, ah wouldnae want a hoose. Ah think ah'd just live out of doors on some desert island . . . wouldnae wear any claes, just wanny they sarong things, silk, wrapped round me . . .'

'Oh, stop it, stop it,' ah started writhin aboot in the bed. 'Ah've spilled ma wine . . . aw, fuck me!'

'Whit – again?'

Ah was that relieved things were back tae normal between me and Liz that the retreat went clean oot ma mind, but on the Tuesday when ah went tae the Centre it all came back tae me. Every week the Rinpoche gied a wee talk then led us through a meditation. After that we'd have a cuppa tea, sit roond and blether. We could ask questions or discuss anythin tae dae wi oor practice and that was a good time tae have a word on the QT if ye wanted tae say anythin personal.

Anyhow, it was when we were daein the meditation ah started tae think aboot how different it was here fae when ah was on retreat. As soon as ah heard the Rinpoche's voice it semed tae get me calmed doon and followin ma breathin. Ah could dae it. Felt at hame. Efterwards ah wanted tae ask him about it but couldnae say in fronty the rest. Somehow, though, it was as if he knew. He turned tae me and said, 'So, Jimmy, how was your retreat?'

'Kind of haurd gaun, Rinpoche – too many carrots.'

Everybuddy laughed.

'So you are taking the orange way to enlightenment – the future is bright.'

'Sumpn like that.'

He didnae say anythin else, just kept lookin at me, smilin. They were all waitin for me tae answer. Ah looked round their faces and back tae the Rinpoche.

'It was the meditation. It was that haurd. Ah was wonderin . . .'

He kept lookin at me.

'Wonderin how come ah can dae it here – ah don't mean it's easy or that, just ah feel ah'm gettin somewhere – but there, it was terrible. Ah could hardly sit still, ma mind was birlin. In the end ah just sat and listened tae the rain on the roof.'

'Tell me, Jimmy, what were you doing when you were listening to the rain?'

'Ah wisnae daein anythin, ah tellt you, Rinpoche, ah was just sittin, listenin, followin the sound ae the raindraps landin on a roof – ma mind was just empty.'

'How wonderful.'

'But ah thought ah was supposed tae be followin the breaths, daein the mindfulness a breathin.'

'Maybe you were doing the mindfulness of raindrops, Jimmy.'

He reached ower and touched me, on ma airm, lightly, just for a moment. All of a sudden a big lump rose in ma throat and ah felt as though ah was gonnae greet. And he just kept on lookin at me wi that brilliant wee smile of his and it was like him and me were the only two folk in the universe.

Walkin hame that night ah kept seein raindraps. It's funny, you'd think livin in a country where it's chuckin it doon hauf the time you'd be pretty familiar wi them but it was as if ah'd never looked at wan afore. Of course ah hadnae. Who goes roond lookin at raindraps – folk'd think ye were mental. But there ah wis, stoppin at a hedge tae look at a raindrap on a leaf. Ah looked right close and could see the pattern of the veins of the leaf. Wee tracks gaun through it. What were they for? Hudnae a clue. Knew nothin aboot leafs or plants or that – just never been interested. But the Rinpoche was right – it was wonderful.

Liz was watchin the TV when ah got in. Wanny they daft decoratin programmes. Ah kissed the tap ae her heid as ah passed round the back of the settee.

'Want a cuppa tea?'

'Just had wan. There was a phone call for you – Barbara – fae the retreat.'

She turned tae look at me.

'Whit did she want?'

'Didnae say – she's left a number for you tae phone back – Edinburgh number.'

'Right.'

'Didnae know you were swoppin numbers.'

'Ah never gied her mines – she must of got it oot the book. Must be sumpn ta dae wi the retreat.'

Ah went intae the hall tae phone.

'Is that Barbara?'

'Speaking. Is that you Jimmy?'

'Aye.'

'How's your hand?'

'Oh, it's fine – looked worse than it was.'

'I hope you don't mind my calling but I was wondering if you ever did any work in Edinburgh.'

'Work?'

'You know, painting.'

'Eh, well, maisty our work is local – we've usually got plenty tae keep us busy. We dae the odd job as far as Stirling or that but ah don't think we've ever had a job in Embra.'

'I'm looking for a decorator – there's quite a lot of work needing done in my flat. And I've kind of put it off because I work at home most of the time and the idea of having someone around whom I don't know . . . well. Anyway, after meeting you at the retreat the other week I just thought it might be the ideal solution if you were able to do it. Obviously I'd pay you a bit more to compensate for your having to travel.'

'Eh, ah'm no sure . . . when were you thinkin of?'

'Well, it was more when it was suitable for you. Any time over the next few months. Be nice to get some of it done before Christmas but there's really no rush. Are you very busy just now?'

'We've a couple of wee jobs on this week and there's a big commercial wan comin up soon.'

'Would it be possible for you to come through and see

the place, give me a quote, towards the end of this week maybe? I'd pay expenses, of course.'

'Aye, ah think we'll be finished on Friday mornin . . . ah suppose ah could come through Friday lunchtime if that's OK.'

'Great.'

Ah'd never done much drivin in Embra but the flat was quite easy tae find, in a street somewhere up fae the Meadows. Fae the ootside it didnae look much different fae a tenement in Glesga. The close was dark and the front door was painted a dull green. There was a tartan doorplate wi 'Tweedie' on it and under that was a piece of card on wi 'B. Mellis' typed on it. The bell was wanny they real old-fashioned bell pulls, no an eletric wan – it made a nice jinglin sound. Ah could hear Barbara's footsteps comin towards the door; she planted her feet doon heavily though she wasnae a heavy wumman, and ah could hear her janglin as she moved.

When she answered the door she was wearin purple leggins, a big baggy jumper and lots of rattly metal bangles up her airms.

'Hi Jimmy. Nice to see you. Come in.'

As ah came in the door she kissed me on the cheek.

'Come through and I'll make us some coffee.'

She led me intae the livin room, which was huge wi a fancy cornice round the ceilin. A couch covered wi a velvet throw and a coupla bean bags was aboot aw the furniture except for an enormous statue of the Buddha in the bay windae wi caundles aw round.

'My God, you don't need tae go on retreat. You could set up yer ain Centre here.'

'Suppose so. He's lovely isn't he? A friend brought him

back from India then didn't have room for him. I find his presence very calming.'

'Aye.'

'Have you had some lunch?'

'Afore ah came through. Could murder a cuppa tea though.'

'I've got Earl Grey or herbal.'

'Nae Typhoo? Or even Scottish Blend?'

'Fraid not.'

'Oh well, gie's the Earl Grey. Milk, nae sugar.'

When she was oot the room ah had a look round at the paintwork. It was basically in good nick though it was pretty dull, painted a kind of putty shade all round, the cornice a dingy cream. A coupla coats would dae if she was just wantin it brightened up. The hall was a disaster though – a dreary shade of dark green wi a red carpet. Ah can never unnerstaund how folk paint these halls in really dark colours when they get nae light.

'Casting a professional eye, are you?'

Barbara set a tray doon on a wee table wi elephant legs, which she pulled oot fae behind the settee. Two mugs and a plate a biscuits.

'Whit was it you were wantin done?'

'This room, the bedroom and the hall to start off. The kitchen and bathroom have been refurbished quite recently so they're fine and there's another room which I use for my work but that can wait till later.'

'Whit is it you dae?'

'Research – I don't actually carry out the research myself but I do the writing up. I examine the data, work out the statistical evidence and all that. Do you know much about homeopathy?'

'No really. But Liz buys they wee remedies oot of Boots if you've got a cold or that.'

'Yes, it's getting more popular now.'

'Right enough. Aboot yer decoratin – did you have any colours in mind?'

'I'm not sure. Something neutral in here – keep it light. And maybe a violet-blue for the bedroom. I did wonder about orange for the hall. It's such a healing colour and I think it would be welcoming.'

'Ah presume you're thinkin aboot gettin a new carpet.'

She looked at me as if she didnae know whit ah was talkin aboot for a minute, then a smile broke ower her face.

'I see what you mean. The red wouldn't exactly go with it. Yes I'm getting rid of it. Actually I might just get a rug. The floorboards underneath are polished – I can't imagine why they covered it over with that thing.'

'They?'

'The people I bought it from. The Tweedies – their name's still on the front door in case there's mail for them. Oh, and speaking of the front door – I'd like that painted too. Bright red. Good feng shui. That's why I haven't put up a proper brass nameplate on the door yet – I was waiting till I got the door painted.'

'Have you no been here lang then?'

'Three months. Look, d'you think you could do the job?'

'It's no a difficult job if you're just wantin it painted. Coupla coats in here and the bedroom, three in the hall tae cover that dark colour. It's just ah'd need tae talk tae ma brother first – you know we don't usually work this far out.'

'Do you work with your brother then?'

'Aye. We used tae work for other firms but him and me set up thegether nine year ago and we've never looked back. Always had work on the go and it's nearly always word of mouth now. Wan guy works for us full-time and we can call in some others if it's a bigger job.'

'So you're doing well.'

'Cannae complain. Look, suppose ah send you a quote and throw in a bit extra for the travellin. Ah'll talk tae John and check he's up for it. We could fit you in the week after next if he's OK aboot it.'

'Great. Thanks, Jimmy. I'd be happy to pay whatever you think is suitable. I just couldn't face some strange men wandering round my house.'

'Sorry, Barbara – the job's aff.'

'What do you mean?'

'If you don't want strange men wanderin roond yer hoose ye cannae call in me and our John – ah mean they don't come any stranger than us.'

It's a funny place, Edinburgh. An hour away fae Glesga and you might as well be in another country. Another planet even. Ah mean it just feels different, it's as if it's got different air or sumpn. Clearer. The weather's too – doesnae rain as much. Caulder, brighter. Somehow ah felt different as well, gaun through there tae work. At first ah thought it'd be a drag travellin through but ah sterted tae really look forward tae it. Maistly ah was on ma ain. Just how it turnt oot. John and me and Boabby done the first coupla days thegether, gettin the big stuff done, ceilins and walls, but then we had tae juggle it wi another job that come up in Jordanhill – guy we'd worked for had a burst tank in his loft and the place was in a right tip. The others got on wi that while ah continued wi Barbara's place. There was a lot of footery stuff – cornice she wanted picked oot in different colours – and ah really like daein them while it does John's heid in.

'You don't mind gaun through tae Embra by yersel?'

'Naw, a wee change.'

'Aye but it's the drivin.'

'Ah can mibbe work a bit later a few nights and that'll speed it up.'

'Ah'm sure that Barbara wumman'd gie ye yer tea.'

'Fish supper'll dae me.'

'Mibbe even gie ye mair than yer tea if you play yer cards right.'

'Aw come off it, she's no ma type.'

'She's female, is she no? And yous two could dae a bit of meditatin thegether.'

'Come off it.'

It had crossed ma mind at the start that Barbara might of had a wee fancy for me. Efter all, it was a bit funny gettin a painter tae come aw the way fae Glesga tae Embra. But there was nae sign of any funny stuff, no even when ah turnt up on ma ain. She made me a cuppa tea when ah arrived and then left me to it. She always offered tae gie me lunch but ah like tae nip oot for a roll or a poke a chips or that when ah'm workin – just get oot the hoose fur a bit a fresh air. Hate bein stuck inside aw day. She spent nearly all day in her wee room at her computer or whatever she was daein. Sometimes ah'd hear her on the phone or she'd stick her heid round the door tae tell me she was gaun oot. Ah kind of got used tae havin her round in the background, there but no there.

Like ah said, a lot of the work was quite footery, specially the cornice that she wanted done in different colours. Ah usually listen tae music when ah'm workin but ah didnae like tae have it on too much in case ah was disturbin her at her work so ah spent maisty the time quiet, just paintin. It was dead peaceful in the hoose and thon big statue of the Buddha; well, it was like she said, it had a calming presence. When she came in the room ah near fell aff the ladder, ah'd forgotten there was embdy else there.

'Christ, ah goat a fright – ah was in another world there.'

'Sorry – want a cup of tea? It's about half three – I'm ready for a break.'

'Aye, thanks.' Ah climbed doon aff the ladder, stretched ma airms above ma heid. 'Does yer back in, that stuff. You get that involved in it you don't realise you've got yersel intae really awkward positions and then when you come doon it's agony. Thon Michelangelo fella done his back in paintin the Sistine Chapel.'

'You should do yoga.'

'Yoga? Ah don't think ah'd look too hot in a leotard.'

'Lots of men do it. They wear shorts. I'm serious. It's really good for your back. The stretching strengthens it, and if you do a few positions when you come down from the ladder it'll help avoid any pain. I could show you a few basic ones – look.'

She bent ower and put her haunds on the flair. Her arse was stickin up in the air; just as well Boabby wasnae there.

'Ah can just imagine me and the boys daein a yoga routine afore we started work. Ah mean, they think the meditation's weird enough – if ah start dain yoga they'll be cartin me aff tae the funny farm.'

Ah followed her intae the kitchen where she put on the kettle and ah started tae wash ma haunds at the sink. It was a beautiful kitchen; you could tell the units were they dead expensive wans, wi a dragged paint finish on them and carved bits round the edges. Ah wondered how she made her money – ah couldnae see that this research lark could pay that much.

We sat doon at the kitchen table tae have wer tea.

'You seem to enjoy your job, Jimmy.'

'Aye, ah dae. Ah really love paintin that cornice of yours. It's beautiful.'

'Yes, it's going to be lovely when it's finished. So many people just paint them one colour but I think you owe it to the design to pick it out in different ones.'

'A lot of folk want tae dae that but when you gie them the estimate and tell them how much time it's gonnae take they change their minds. It is a lot dearer.'

'How long d'you think it's going to take you?'

'Well, wi me bein on ma ain noo, a bit longer. Ah mean the mully's aw done but there's still the joe loss.'

'Huh?'

'Painter-speak. Mully's emulsion, Joe Loss – gloss.'

She laughed. 'I like that. What other words do you use between yourselves?'

'Ah don't know if ah can tell you – ah mean, givin away state secrets and that . . .'

'Go on, won't tell a soul.'

'Well, if you ever get a painter in for an estimate and he says tae his mate, "This is an elsie", run a mile – means they're just gonnae put wan coat of paint on it. Elsie Tanner – wanner – get it?'

'My God.' She was really laughin noo, her eyes shone. Ah'd never seen her like that.

'That was how me and John set up in business for wersels.

We used tae work for this guy years ago and he just cut corners aw the time. You'd put wan coat on a wall and it'd be near four o'clock and he'd come in and say, "That'll dae boys, that's an elsie, finish up." See, it can look OK wi wan coat but when you look close there's streaks and everythin in it – it's no right. And you'd say, "Naw, it's no an elsie," but he was the boss. And we got jobs all right but you wouldnae get folk askin you back, no unless they were blind. So me and John decided tae set up on wer ain, dae things properly.'

'I like that, it shows you've got integrity.'

'Well who wants tae dae folk? Fair's fair – you may as well dae it right. And the thing is, it pays in the long run. When we sterted oot we didnae know if it would work oot or no but that's us gaun for nine year noo and we're always workin and maisty oor work is word of mouth – folk recommend us and we get asked back. And we make good money.'

'Right livelihood. Very Buddhist.'

'Sorry?'

'Most people think Buddhism's about meditating, but it's really about how you live your whole life. Part of it is the idea that you make your living in a good way, not a harmful or dishonest one.'

'So all this time ah've been a Buddhist while ah'm paintin. Ah could of saved masel all that hassle meditatin.'

'I think maybe that's true – I don't mean that you shouldn't meditate, but . . . I don't know how to put it; it's as if we're always trying to get there, reach something, and that isn't it. It's being fully aware in the day to day that's important, being completely engaged in what we're doing. And maybe for you, it's the painting. When you're doing your job, you're fully present.'

Ah sat for a moment, haudin the mug, cradlin it in ma haund. What was left of the tea was cauld noo but ah didnae want tae put it doon, didnae want tae stop this conversation. Barbara looked straight at me, serious, but wi a wee hauf smile; and it was the first time ah'd really seen that look on anybody but the lama. Just for a moment, a split second, it was as though the room had disappeared and there was just the two of us, mugs in wer haunds, lookin. Ah wanted tae ask her mair, talk aboot it, but somehow ah fund ah couldnae speak, just sat there. Then ah stood up.

'Better get back tae ma meditatin, then.'

Barbara smiled.

'Me too.' She lifted the mugs and took them tae the sink.

Ah stopped at the door. 'Eh, Barbara, mind you were askin how long the job's gonnae take?'

She turned roond. 'Yes – have you any idea? I mean, it doesn't really matter, it's just if it's going to be over the weekend I need to rearrange some plans.'

'Well, ah was gonnae suggest, if you didn't mind me stayin a bit longer, workin intae the evenin a bit, ah could finish it quicker.'

'That would be great. If you don't mind – makes it a long day for you.'

'If ah leave at teatime ah'm only gonnae hit the rush hour traffic anyway, so ah'm wastin time sittin in a traffic queue.'

'Why don't you do that then, stay a bit later, but on one condition.'

'Whit's that?'

'You need to let me give you something to eat – you can't work late on an empty stomach.'

'Done.'

So the next few nights that was what ah done. Ah fund masel gettin intae a routine, heidin through tae Embra in the mornin, gettin a paper and a roll at a wee shop round the corner fae Barbara's. Then she'd make me a cuppa tea and ah'd get stuck intae the work aw day wi just a wee break at lunchtime. She left me by masel durin the day but about five o'clock she'd make a meal, pasta or rice wi vegetables; no a big dinner, just enough tae keep me gaun. It was nice, sittin in the kitchen, cosy. She lit caundles every night and we'd sit there wi some classical music on the CD. She never really talked aboot hersel much, nothin personal, just aboot meditation or the work she was daein or asked me aboot ma job. It was weird, sittin in candelight across fae a wumman and just no really knowin anythin aboot her. Efter we'd eaten ah'd get back tae work and dae another coupla hours then heid hame. Ah was back about nine at night and risin at haulf six so you'd of thought ah'd of been knackered but ah wasnae. Seemed tae have loads a energy – no mad, jumpin aboot energy, just feelin right in masel, kind of peaceful and centred.

By the Thursday ah'd finished the cornice and all the woodwork in the big room. It looked brilliant. The two of us stood at the door and just looked.

'It's fantastic, Jimmy, I'm so pleased.'

'Aye, me too. Pity John cannae see it . . . ah'll need tae take a photie.'

'Jimmy, d'you think you could do me a favour tomorrow?'

'What is it?'

'Well I'd like to get the room back to order. Could you

help me put up the curtains – they're velvet so they're a bit heavy.'

'Aye, nae bother. Ah've no that much left the morra. Just the woodwork in the hall and the last coat on the front door.'

'The joe loss?'

'Get you an apprenticeship yet.'

The next day ah helped her wi the curtains and she spent a while puttin all her bits and pieces thegether. Paintin the the woodwork in the hall was a bitty an anticlimax efter the cornice – room looked nice though, the orange she'd chosen was dead warm. She'd a good sense a colour, Barbara. Some folk pick shades that you know are gonnae be a disaster but she was wanny they folk that could pick really strong colours that could of maybe been too OTT, but somehow just worked.

When ah'd finished the door she came out intae the close.

'Wonderful. It's perfect. Red front doors are really lucky you know. Ready for a cup of tea?'

'Aye, ah'll just get cleaned up first.'

Sittin opposite her in the kitchen ah wondered whit tae dae. It was only hauf-three so a couldnae expect tae be stayin for ma tea but it felt a bit flat tae just be gaun hame. Ah didnae want tae leave. Ah know what John would of said if ah'd tried tae explain it tae him but it just wasnae like that. There was nothin gaun on; ah didnae fancy the wumman wan bit and ah got nae signals fae her either. It was just, there was some kind of a bond between us. And efter the week ah wanted it tae end wi us sittin doon and havin a meal thegether, no me just heidin aff like that.

Then she said, 'Jimmy, can I ask you one more favour? It might seem a bit strange.'

'Ask away.'

'It's just that I feel the flat is now my home, thanks to your work, especially the living room, and I want to do a kind of clearing – you know, meditate there so it has really good energy. And I'd like you to come and meditate wih me. It would be really nice if we could do it together as you did all this beautiful work. If you have the time we could eat together afterwards, if I'm not keeping you back too much.

'Ah'd like that, Barbara, really.'

And though ah'd never ever have thought that was the favour she wanted tae ask me, it was the maist perfect thing that could of happened.

We sat in the livin room facin the Buddha. She'd these foam blocks like you get at the Centre tae sit on and wee blankets, brightly coloured, the size a baby blankets, and we wrapped them roond wer knees. She'd lit caundles and was burnin some kinda herb thing. A didnae know whit it was then but ah know noo it's sage and Native Americans use it tae purify things – it's supposed tae take away all your negativity. Anyway, there we sat, the room aw clean and perfect, while the light was fadin ootside.

Barbara started, 'I call upon the Buddha, the bodhisattvas and all the good powers to witness our giving thanks for the blessings of life. I want to thank Jimmy for the wonderful work he has done in making my home a clean and good space to be. I thank him for the mindful way he has painted and the friendship he has shown. I thank life for bringing us together. And I ask that this home will be a safe and welcoming space for everyone who comes here.'

She paused for a moment. 'D'you want to say anything, Jimmy?'

Ah couldnae think of anythin so ah just says 'naw'.

She rung the wee bell and we closed wer eyes. Ah started followin ma breaths, countin inside as the lama'd taught me. And it was an easy wan this meditation, just seemed right. Efter whit seemed like a very short time ah heard her ringin the bell again and opened ma eyes. It was fully dark ootside noo, and for a few minutes ah watched the lights in the flats opposite, the trees bathed in weird blue light fae the streetlamps.

Later, in the kitchen, Barbara was checkin the food while ah stood leanin on the counter, feelin light and relaxed.

'Ah could nip oot for a wee bottle of wine if you like. Make it mair of a celebration.'

'If you want some yourself, Jimmy. Don't bother for me.'

'Sure?'

'I don't drink alcohol.'

'Oh, right.'

'Don't let me stop you.'

'Naw it's OK. It's no really worth it – ah'd only have the wan if ah'm drivin. Can ah dae sumpn . . . set the table?'

'Sure – place mats and napkins are in that drawer.'

Ah opened the drawer, started takin oot stuff. Ah really wanted tae ask her aboot no drinkin though. The only folk ah knew that didnae drink were alkies, reformed wans.

'Do you no like the taste or . . . ?'

She stirred sumpn, put the lid on it and sat down at the table.

'I gave up a few years ago when I got more into the meditation. It seemed a bit strange to be getting clarity in one way and fuddling up my brain in another. I mean I wasn't a heavy drinker, just a few glasses of wine with a meal kind of thing, but it definitely interfered, made me a bit hazy.'

'Was it hard?'

'Not really, occasionally I missed it at the start, maybe at a party or something, or if I'd had a hard day but I just found other ways of unwinding . . . like the yoga.'

'Right. Ah've never really gied anythin up masel . . . Liz gave up smokin years ago and that was hellish for her, and for the resty us and all, she was that moany-faced, but ah've never smoked, so ah don't know whit it's like.'

'I stopped smoking ten years ago. It is harder than stopping drink certainly. Smoking is more of an addiction.'

'So, ah mean, the Buddhism . . . is that how you gie things up . . . ah mean, is that part of it? Ah mean, ah presume you've gied up meat?'

'Maybe giving up isn't the right way to think of it. You just choose something else. If you don't drink you get clearer, eating vegetables instead of meat, well, it seems lighter somehow, that's all. And it's just my choice . . . I mean I wouldn't try to persuade anyone else.'

'So you wouldnae expect your boyfriend tae be a veg-etarian, then?'

'My boyfriend?'

'Ah mean if you had wan . . . or husband or that?'

'No I wouldn't, though it's unlikely that I'd have one.'

'Ah'm sorry, didnae mean tae be cheeky.'

'It's OK, I just mean that I'm not into having sexual relationships with anyone at the moment.'

'Gettin over somebuddy?'

'No, it's just like the not drinking. I find I have more clarity if I just . . . abstain from these things.'

'Right.'

'I'm sorry. I must sound like a real bore. It's just . . . what I feel is best for me now, you know.'

'Ah see. Sorry, Barbara, ah didnae mean tae pry intae yer private life. It's nane ae ma business. It's just, what wi us bein thegether here and the meditatin and that, ah kind of feel we're . . . well no friends exactly, but, ah suppose we are friends.'

'I hope we are friends, Jimmy. I'd like for us to be friends.'

'Good.'

'So what about your process?'

'Ma process?'

'You know, the meditation . . . I mean how is it working with the rest of your life?'

Ah sat there, wi a fork fulla food haulfway between ma mooth and the plate.

'Well, you know, ah just dae the meditation. A lot of the time ah'm in the dark aboot how it affects anythin really. It just seems tae make other folk mad, at me ah think.'

'Your wife and family don't approve?'

'Anne Marie's quite interested in it – she wants tae know whit it's aboot. John thinks ah'm aff ma heid but he's ma brother so he's always thought that anyway. And Liz . . . aye, ah think Liz doesnae really approve.'

'Doe she not approve of Buddhism or is it because she feels you're changing?'

'You know, Barbara, ah don't really know what she thinks.'

*　　*　　*

All the way alang the motorway it was beautiful. Even in the daurk you could feel the cleanness of the night, then, just ootside Glesga a smirr of rain started and ah pit on the windscreen wipers. Rain, hame. Ah sterted tae smile tae masel. Rain, hame. The lights on the other side of the motorway were blurrin in the drizzle. Thon big metal horse loomin up at the side. Then the gasworks, painted blue – 'Glasgow for it'. Ah wanted tae laugh. Glasgow for it. That's the gemm. Embra's lovely, a great place for a day oot or a wee break but Glesga's hame.

Ah arrived back at the hoose tae find oor John staundin at the close door.

'Just round tae see if you wanted tae go oot for a pint wi the birthday boy.'

'It's no your birthday tae the morra.'

'Aye, but a man's only forty the wanst – ah'm gonnae make the maisty it. Ah was supposed tae be gaun oot for a meal wi Tricia the night but she's no feelin brilliant.'

'Whit's up?'

'Nothin really, she's just had the cold, but she thought she'd rather save hersel for the party the morra.'

We went in the hoose. Anne Marie was in the livin room playin wi her playstation.

'Hiya, Da. Hiya, Uncle John.'

'Hi, hen. Is yer mammy in?'

'Aye, she's in the bedroom – workin oot whit tae wear for the party the morra night.'

Liz came in tae the livin room.

'Hi, John. How are you?'

'Ah'm fine. Just here tae get your man oot for a pint – is he's allowed oot the night?'

'Oh, you know Jimmy, does his ain thing.'

She sat doon on the airm of the couch.

'Job all finished noo, Jimmy?'

'Aye, all done – got the cash in ma pocket.' Ah patted ma jaicket pocket.

'Gie you cash, did she? Ah had her doon as wanny the cheque brigade.'

'Aye, me too, but she just haunded me a wad a notes.'

'Must of been pleased wi the job.'

'Nae wonder, the hours it's taken him. He's no been hame tae nine a'clock at night this week. Ah hope it was worth it.' There was an edge tae her voice.

John looked at me, wi a big brother kind of look.

'It was a big job, right enough,' he says. 'Thon cornice – she wanted it painted three different colours and a bit a gold leaf at the corners and all. And she looked like the pernickety kind. Wouldnae fancy gaun hame tae her wi an empty pay packet. Raither strip woodchip. Right, son, are we on for this pint?'

'Awright. Just a couple, mind. Ah'm knackered and ah want tae enjoy masel the morra.'

'Want sumpn tae eat afore you go oot, Jimmy?'

'Naw, thanks hen, ah've had sumpn.'

'Barbara make yer tea again?'

'Aye.'

'Must of been really pleased wi the work efter aw.'

'Well, this boy is the David Beckham of the gold leaf. And ah promise ah'll no keep him oot late, Liz. We'll see you the morra night, eh?'

'Aye, John. See yous.'

'Night, Anne Marie. Liz, ah'll see you later.' Ah went tae kiss her and she turned her cheek tae me but didnae kiss me back.

As soon as we were oot the hoose John says. 'Jimmy, am ah mistaken or are things a bit chilly between yous two?'

'How d'you mean?'

'Well, Liz seems tae think that there's sumpn gaun on between you and thon Barbara wumman.'

'You know that's shite, John.'

'Ah know that's shite but it's what Liz thinks that's the point.'

Ah didnae reply.

'Is there sumpn you want tae tell your big brother aboot?'

'Look, ah swear tae God, John, there is nothin gaun on between me and Barbara.'

'What aboot you stayin late and her makin yer dinner? Whit's that all aboot.'

'Christ, ah thought ah was daein the right thing. If ah hadnae stayed late the job would of taken up haufy next week when we're supposed tae be startin on Macintosh's. And it made sense tae work through the rush hour and then come hame when the traffic's quieter. The wumman offered tae make me ma dinner – she was just bein decent. Ah mean look at that auld dolly up Kelvindale last spring – the wan that was bringin us rolls and sausage at lunchtime and home-made scones. Ah didnae see you refusin it.'

'Aye but she was aboot ninety-three, Jimmy. Ah cannae see even Boabby tryin tae get his end away wi her.'

'But ah don't fancy Barbara. I like her but that's it. Ah mean, you've seen her John, she's no . . . ah mean she just isnae the sorta wumman you would fancy. Ah mean she's OK ah suppose but she's just too . . . Embra.'

'So are you sayin you couldnae ever fancy anybody

fae Embra? Ah know whit you mean. Actually ah think she's a dyke.'

'Really?'

'Ah don't know, mibbe . . . who cares? Anyway the point is, Liz hasnae met her. For all she knows Barbara could be this gorgeous sexy wumman wi her eye on you and yous could of been up tae all sorts wi a six-incher and a sheepskin roller. Look at it fae her point of view – you're comin hame at nine a'clock at night efter spendin a whole day alone wi this wumman. Suppose she was workin late every night wi some guy? If it was the other way roond, would you no be a bit jealous?'

'Ah know whit you're sayin, but ah just don't feel that way. Ah trust Liz.'

'Ah trust Tricia but ah still wouldnae want her tae be daein the late shift wi thon new doctor at the practice.'

'The wan that looks like thon guy oot *ER*, the foreign wan?'

'Aye. Look, all ah'm sayin, is, why don't you just make sure you spend a bit mair time on yer ain wi Liz? Take her oot for a nice meal, go tae the movies. Buy her some flowers.'

'Then she'll definitely think ah'm up tae sumpn.'

'Naw, she'll no. Anyway, the job in Embra's finished. You'll no be seein Barbara again.'

'Ah said we'd dae her wee back room later, mibbe efter Christmas.'

'Well, we can make sure that we baith go through. Surely Liz'll no think we're havin a threesome.'

Ah'm watchin Liz on the dance flair and she's lookin fantastic. She's up wi Alex, ma brother-in-law, a baw-faced guy who leaps around the flair wi nae sense of rhythm but loadsa enthusiasm. He got her up for 'Brown Sugar' and even when ah was young that song was ancient. Liz is a brilliant dancer, but – she's tall and slim and the night she's wearin a kinda lacy skirt and a crop top that shows a bit of her belly when she's dancin. Her hair's usually quite smooth, down tae her shoulders but the night she's messed it up and put loads a make-up and glitter on her cheeks. She said she was daein a kinda early Madonna look, black lacy gloves and net skirts, and it reminds me a bit of how she looked when we first went oot thegether. Ah'd went round tae Paul's hoose for the first time. We were still tryin tae be punk rockers though it was 1981 by this time, and we were just sittin in the livin room when Liz came in wi her pal, all dressed up tae go oot, dead pale make-up and loads a black eyeliner, dressed in a ruffled shirt wi big shouders, tight black troosers and they wee ankle boots ah always liked. She looked a lot aulder than fourteen then, dead sophisticated. Ah used tae get slagged stupit when ma mates fund oot she was only fourteen, but she seemed aulder, was always mair mature. Then, as ma da said, it didnae take a lot tae be mair mature than me. S'funny, ah think she's got younger lookin as the years have passed.

Ah'd decided tae re-create ma punk look for the party though ah didnae have the gear noo and ah don't think it'd fit me any mair anyway. No that ah'm fat or that. Ah mean oor John's put on the beef big style since he turned thirty. Tricia's a nurse and she's aye on at him tae loss some case he takes a hert attack. Ah've been quite lucky that way – seem tae just burn it all up – but ah'm no a skinny teenager any mair.

Anyway, ah got an auld black perra breeks and a tee shirt and ah ripped it up a bit wi a razor blade and stuck a few safety pins roond. Ah bought chains oot a B&Q and hung them roond ma neck. While ah was puttin gel on ma hair and makin it aw spiky, Anne Marie sat and watched me.

'Da, did you really used tae look like this when you were young?'

'Aye, sort of, hen. Except ah used tae dye ma hair as well – ah'd purple bits in it at wan time.'

'But, ah mean, did you actually go oot like that?'

'Of course, that's the whole point – nae use sittin round the hoose where naebdy can see you, is there?'

'You look mental.'

'That's the idea – ah mean if you're a punk you're supposed tae look mental.'

Ah started jumpin around the room.

'I am an antichrist – I am an anarchist . . .'

'Gies a break, Da – hope you're no gonnae dae that the night. Some of ma mates'll be there.'

Tricia tellt Anne Marie tae bring along a coupla pals so's she widnae be on her ain. All the other girls in the faimly are either a bit aulder or a good bit younger than her.

'Mibbe ah'll ask them tae dance, then.'

'Puh . . . leeze . . . Ah'm away tae get ready.'

Ah turnt tae Liz. 'Would ye listen tae her? Sounds like sumpn oota *Friends* . . .'

'Aye, she's growin up.'

'Last year she was still just a wee lassie, intae Barbie and that.'

'No quite last year, Jimmy . . .'

'Two year ago she still believed in Santa.'

'Naw ah didnae,' Anne Marie's voice came fae the lobby. 'Ah just kidded on so's you wouldnae be disappointed.'

'You're no supposed tae be listenin tae this. Yer mammy and me were havin a private conversation.'

'Well you shouldnae be bawlin it oot, should you?'

Anne Marie appeared at the door. For a minute ah hardly recognised her; she was wearin a slinky wee frock and black tights and silvery shoes wi big platforms.

'Hen, you look gorgeous. Right, Cinderella, ready for your carriage?'

At first ah'd no been too sure aboot this idea of John's tae have fancy dress for his fortieth. Ah've been tae a coupla fancy dress parties but they were never up tae much. No everybuddy dressed up and the wans that did were always a bit hauf-hearted aboot it. You know, cairry a brush and stick on a witch's hat, or wear a dinner suit and kid on you were Bryan Ferry even if you're baldy and three feet tall. That kind of thing. But whether it was because Tricia'd been round twistin folk's airms or whether they just wanted tae dae it for John ah don't know but ah've never seen anythin like the ootfits that walked through the door.

Everybuddy'd really made an effort. Wan wumman had done a Carmen Miranda and had made hersel a headdress wi real fruit. She could hardly walk it was that heavy. Another guy had hired a bear suit. Ah still don't know who he was as he refused tae even take the heid aff all night – he must of been roasted. Angie and Paul came as Barbie and Ken – and there was Dracula, Little Red Riding Hood and God knows whit all. It really broke the ice; everybuddy was up and dancin right away, no sittin roond hauf the night, and folk were mixin really well. John had hired the function room at the back of the Hielander and ah think he and Tricia just invited everybuddy either of them knew – neighbours, auld pals fae where they used tae stay, folk they'd been at school wi, a hale team fae Tricia's work, no tae mention the faimly. Even oor ma came alang for a coupla hours though John got her a taxi booked for ten o'clock. She's just no up tae it any mair since ma daddy's passed on. Anyway, the place was jumpin.

And ah was jumpin, too. Liz looked brilliant and the DJ played loadsa records fae when we were aw young and nickin aboot thegether. Ah cannae sit still when 'New Rose' comes on – as soon as that, 'Is he really going out with her?' and that mental di-di-di-di riff sterts that's me away and of course the DJ had that on dead early requested by John, 'for ma wee brother'. The two ae us were pogoin thegether. Ah finally managed tae grab Liz away fae mad Alex and got the DJ tae put on 'Shake Some Action' for us. Anyhow, dancin and talkin tae folk ah hadnae seen for years is thirsty work so ah was knockin back the pints. Then 'Vicious' came on. Lou Reed – John's favourite of all favourites. It's a bit afore ma time really but he loves it and the two ae us used tae put it on and jump aboot the livin room when we were teenagers. So he grabbed me and the pair ae us got up on the dance flair, and ah think we were takin up that much room that everybuddy moved oot tae gie us space. There we were, beltin it oot, John shakin that great big arse of his as if he was some New York pop star and everybuddy laughin and shoutin us on and cheerin; then the two ae us kind of fell intae each ither and hauf collapsed and John's haudin on tae me, sayin over and over, 'Look at this man – this is ma fuckin brother and ah fuckin love this big guy – d'you hear that? Ah fuckin love you, son.'

'And ah fuckin love you, too.'

Then everythin sterted spinnin roond me and ah fund masel on the flair.

Next day ah cannae move oot ma bed tae two o'clock in the efternoon. Ah'd woke up at eleven feelin as if somebuddy'd beat me up – the back of ma heid was like a football and ah'd pains in ma legs and airms. Ma throat was like a desert, dry and prickly. Liz wasnae in bed beside me but she must of heard me groanin or sumpn cos the next minute she stuck her heid roond the door.

'You still alive?'

'Don't think so. Christ, much did ah have last night?'

'Don't ask me. Ah wisnae countin.'

'Ah cannae mind feelin this rough since . . . ah don't know . . .'

'Want a cuppa tea?'

'No the now, hen . . . mibbe later.'

'Irn Bru and a coupla Resolve?'

'That's mair like it.'

A few minutes later she was back wi a glass a Resolve and a bottle a 'Bru. Ah knocked back the Resolve and took a wee slug ae the ginger. Ma mooth started tae feel a bit better.

'Thanks, Liz. How are you?'

'No bad, actually. Ah drank a big glass a watter and a had coupla paracetamol when we came in. Seemed tae dae the trick.'

'Ah cannae even remember comin in.'

'Ah'm no surprised.'

'Christ, was it that bad?'

'Aye. But ah wouldnae worry aboot it. The state maisty them were in they'll no remember anythin aboot it.'

She got up and went tae the door.

'Anne Marie and me are away tae mass the now. Ah'll pick up ma mammy and go round tae hers for a wee while efter. Will you be OK?'

'Aye – ah'm beginnin tae feel a wee bit mair human already – that ginger's magic stuff so it is. Ah'll mibbe have slept off the worst by the time yous get back.'

'Right. See you later.'

Aboot five a'clock our John came on the phone.

'So how are you? Recovered fae last night yet?'

'Never better.'

'Have you eaten anythin yet?'

'No much. Bit a toast. But ah could murder a curry noo.'

'That's just whit ah was thinkin. Tricia and me could get a cairry-oot and come round if you like.'

'Sounds good. Ah'll go and ask Liz whit she's wantin.'

'And ah'll bring the video round. We havenae watched it wersels yet.'

'The video?'

'Aye. Of the party.'

Ah'd completely forgot there was a video. Wanny Jimmy's pals has a wee fancy camcorder and he'd been leppin aboot the hale night stickin it intae folk's faces and askin them tae say a few words aboot John.

'Ah didnae think you'd have it already.'

'You just connect it tae the TV. You don't need tae dae anythin tae it.'

'Oh, right.'

'Did you think ah was gettin Martin Scorsese tae edit it or sumpn?'

'Naw, just didnae realise you could watch them that quick.'

'Aye, it's nearly the twenty-first century noo, son.'

It was worse than ah could of ever imagined. There we were sittin round in our livin room watchin me and John make complete eejits out wersels. Ah could remember us up dancin tae Lou Reed and him tellin me he loved me and then us fallin doon thegether but it got worse efter that. Ah must of been completely oot ma box for ah didnae remember the next bit. The DJ had put on that Pretenders' record 'Brass in Pocket' and John and me had stayed up dancin tae it, posin and prancin around like right chookies. When it got tae the bit in the lyrics when she's singin, 'ah'm gonna make you notice me, gonna use ma fingers' and all that, we'd mimed the actions, then ah'd started singin 'gonnae use ma arse' and pulled doon ma breeks and mooned at the camera. And there it was, in close up; ma arse wi two big spots on the left cheek. And John pauses the video at that point and the others are all laughin their heids aff.

'There you are, Jimmy, a movie star at last – got your best feature, too.'

'Aye, his posterior recorded for posterity.'

'Turn that pause button aff, John. Ah've seen his arse often enough – ah don't need a film of it.'

'D'you no remember any of this?'

Ah shook ma heid.

'Thank God the weans had went hame by then. Ah mean, video nasties is all very well, but Jimmy's arse . . .'

Anne Marie. Ah'd forgotten aboot Anne Marie. She hadnae seen me, but noo there was this video – how was ah gonnae make sure she didnae watch it? She'd remember there was a video – if ah said, 'Naw, you cannae see it,' she'd really think there was sumpn up. And it wasnae just the showin ma bum – she'd just think that was funny. It was everythin, the humiliation of it. Ah was pissed oot ma heid, crawlin around on a flair that drunk ah could hardly speak and it was all recorded on a video camera. That's the

thing aboot gettin steamed – you don't remember it and
if you dae it's through a fog so it doesnae seem that bad,
and everybuddy else has had a few so it doesnae matter.

But this. Twelve year auld and you see yer daddy lookin
like a complete tosser. Ah couldnae bear it. And the resty
them just seemed tae think it was a laugh. Even Liz.

'Whit's up Jimmy? You're lookin very serious.'

'He's wishin the make-up artist had put on a bit mair
powder, covered ower they plukes a bit.'

'It's no funny.'

'Aw come on, son, a dab of thon Clearasil and they'll be
away like magic.'

'It's no funny.'

'Have you lost yer sense a humour, man? You were pissed.
We all were.'

'It's humiliatin.'

'Aw, come on, we all make fools ae wersels when we're
pissed. Ah've seen you worse. Ah've seen masel worse.'

'Aye, but it's different, seein it on a screen.'

'It's just us that are watchin it, though, ah mean it's no
gettin broadcast on Sky, is it?'

'If Anne Marie had been here the night she'd of seen this.'

'If she'd stayed a bit later last night she'd of seen you
daein it in the flesh, if you'll pardon the pun.'

'You don't need tae remind me. Ah feel sick.'

'It's just yer stomach gettin back tae normal. You'll be
fine the morra.'

Ah stood up.

'Ah cannae believe this. Yous are actin as if nothin has
happened.'

Ah pressed the eject button and pulled the tape oot. Ah
held it in ma haund.

'Is this the only copy?'

'Aye, Peter's gonnae make us a couple mair this week but he gied me the master so's we could watch it right away.'

There was a perra scissors sittin on tap of the mantelpiece. Ah broke open the tape, pulled it oot the casin, the long black strip a film fanklin as it fell ontae the flair. Then ah lifted the scissors and started cuttin the film tae bits.

John jumped up and tried tae get it oot ma haund but it was too late. Ah held it high in the air above his heid as he started tae wrestle it oot ma haund.

'John, watch yersel on they scissors.'

Tricia tried tae pull him away. Liz just sat there stunned.

'Whit the fuck dae you think you're daein? That's ma tape you're wreckin.'

'Ah don't want ma wee lassie seein me like that. And ah don't want anybuddy else tae see it ever again.'

Ah pushed him away fae me and continued cuttin, pullin mair tape oot and cuttin till there was nae way it could be repaired.

John was sittin on the flair, Tricia's airm round him.

'Come on, John, let's go.'

'Ah'm really sorry, John, Tricia, ah don't know whit's got intae him the night.'

'It's OK. Talk tae you later.'

Liz showed them oot the door while ah went through tae the kitchen and stuck the tape in the bin. Liz came through once they were away.

'Whit was all that about?'

She didnae sound angry, just confused, but ah couldnae talk aboot it then.

'Ah'm gaun oot for a walk.'

'Jimmy, watch yersel . . .'

'Ah'm OK. Ah'm just gaun oot for a walk. Ah'll be back later. See you.'

At first ah started tae walk, just walk, no thinkin aboot where ah was gaun. Everythin was a blur. Ah kept ma heid doon watchin the pavement, grey wi rain, and the smudged headlights a motors rushin by. Ah kept walkin, doon Maryhill Road past the pubs, lookin that welcomin in the daurk night, the sound a folk laughin and talkin. But it was the drink that made me dae whit ah done last night. Ah'd destroyed the tape, made sure naebuddy would see it again, but ah couldnae erase it fae ma heid. It kept runnin and rerunnin itsel ower and ower again tae ah stopped, put ma haunds roond ma heid and pressed against it, tryin tae press it away. Ah was staundin, hauf leanin against a wall and a wee wifie came up tae me, put her haund on ma airm.

'Are you OK, son?'

'Aye, ah'm fine.'

'You sure? You better away hame the now.'

'Aye, right, missus.'

Hame. Ah couldnae go hame the noo. Ah couldnae face Liz, didnae know whit tae say tae her. She'd want tae talk aboot how ah'd reacted tae the video, mibbe she'd take John's side. She didnae seem that bothered aboot it, that's whit ah couldnae unnerstaund. As if it was sumpn ordinary. But, naw, ah couldnae face that the now. Ah kept walkin, heidin intae toon, and ah knew at the back of ma mind that ah'd end up at the Centre.

Ah knew it wasnae open on Sunday nights but ah wanted tae see the Rinpoche, needed tae be wi him, somewhere quiet, somewhere away fae all this. Ah rung the buzzer and it was him answered.

'Come on up, Jimmy.'

As soon as ah got up the stair and inside the lobby ah felt a great weight drain away fae me. It was that quiet and peaceful. Ah untied ma laces and took aff ma shoes.

'Ah'm sorry tae disturb you, Rinpoche, ah just couldnae think of anywhere else tae go.'

'You are very welcome. Please come through. Would you like a cup of tea?'

'Aye, that'd be brilliant.'

Ah went intae the kitchen wi him and he started fillin the kettle, settin oot mugs. Ah sat on the chair just watchin him. He done everythin that carefully, placin the mugs on a tray, layin tea biscuits in a fan shape on a plate, as if he'd aw the time in the world. When the tea was made, he smiled at me.

'I think we'll go through to the other room where we can talk.'

There was a room where folk could see the Rinpoche privately, just big enough for a coupla cushions and a coffee table. He put the tea-tray doon and sat cross-legged on the flair. He waved at the cushions.

'Make yourself comfortable, Jimmy.'

Ah hauf-sat, hauf-knelt, and lifted ma tea fae the tray. The Rinpoche sipped his and smiled at me. Noo ah was here ah didnae really know what to say. It seemed totally oot of place tae start tellin the Rinpoche aboot me gettin steamed and smashin the video, so ah sat for a minute, sippin ma tea and just bein there wi him.

'So, Jimmy, you have something on your mind?'

'Aye, don't know where tae stert. It's just, well, ah done sumpn really stupit, made a right fool of masel, and it's no even that really — it's just that everybuddy else thinks it's no that bad and ah feel as if ah don't unnerstaund them any mair.'

'Your family?'

'Aye, Liz and ma brother John maistly, but it's everybuddy really. Ah mean, we had this big party last night and it was brilliant and ah was havin a great time and everybuddy was celebratin, and noo . . . ah'm just totally confused.'

'Would it help to meditate with me, Jimmy?'

'Ah don't know, Rinpoche, ah feel as if ah've been kiddin masel on. Ah've been daein aw this meditation and tryin tae get clear and ah'm just nae further forward. See ah got pissed oot ma heid last night, know, drunk and ah just . . . well, how come ah can dae the meditation and then it has nae effect on the resty ma life? It seems tae be makin it worse, no better.'

'How do you mean exactly?'

'Well if ah hadnae been meditatin ah'd probly have got pissed and we'd all have had a good laugh aboot it the next day. But noo ah've had a big fight wi ma brother. Ah destroyed the tape of his party.'

'Why did you do that?'

'Ah didnae want embdy tae see it – didnae want Anne Marie tae see her daddy like that.'

'I see. Jimmy, you know in your job when you are painting people's houses how do you prepare the room?'

Ah looked at him. 'Prepare the room?'

'Tell me the steps you go through.'

'Well you start strippin the auld wallpaper.'

'And when you've started doing that, does it look better or worse than before?'

'Worse usually, you mean when the paper's hauf stripped and that, aye?'

'That's right. And then when the room is all decorated and finished . . . it looks better again, yes?'

'Yeah.'

'The mind is like a house, with many rooms. And some people's houses are very clean and tidy and clear while other people's houses have lots of junk in them. But our minds are very clever – we can keep some parts of our minds tidy by pushing the junk into other rooms. The meditation process is one of clearing. We need to clear the junk from the rooms we don't use, to pull it out, look at it. And it can get very messy for a while. But if we don't do it we don't ever get clear. I think you are just starting, Jimmy.'

Ah sat quiet for a minute, thinkin aboot whit he said. It made so much sense. Ah could see it that clear; ah minded a cartoon in a comic we used tae get when we were wee, called the Numskulls, ah think. Each picture was of a heid cut doon the middle so you could see inside. It was just like that, as if there was wee hooses inside the brain. Each section had a wee guy in it, controllin whit was happenin. When the person was sleepin the eyes would be havin a kip and when he was eatin the mouth would start workin overtime.

'Jimmy, let's go into the meditation room.'

We sat doon in fronty the Buddha, just me and him. It was the first time ah'd ever meditated alone wi him.

'Instead of doing the mindfulness of breathing I want you to sit and observe yourself. Observe your breath, observe your body, what it feels like. Take your attention round your body and just note how it's feeling; don't correct, don't judge, just feel. Then try to think of each of the people in your life that mean the most to you; your daughter, your wife, your brother. Take each of them into your consciousness and allow yourself to be conscious of how you feel about them. Don't try to force a feeling, don't try to feel good about them if you don't – just let the feelings come and go as they wish, but without judgement.'

So ah done what he said. At first when he was tellin me it sounded dead complicated but he helped me, talked me through each part. It was as if ah'd never felt ma body afore; felt the tightness in ma airms and legs, the openness of ma chest, the wee niggles that ran aboot inside me that usually ah never even think aboot. Then as ma breathin slowed doon and ah sterted tae feel mair relaxed he took me through each person in turn. That was the really hard bit because as each feelin came up he tellt me no tae judge it. Wi Anne Marie ah just felt that ashamed that ah'd let her doon, even though she'd no seen me. Ah mean here she is, nearly a teenager, wi a daddy that acts like an eejit and all the time he's gaun tae meditation classes. Then Liz. That was haurd too cos ah love her – always have – but somehow ah cannae get her tae unnerstaund how this is that important tae me. There's a gap openin up between us. Ah can feel it and ah'm scared. Ah don't want it tae be like this but ah don't know whit tae dae. And John, ma brother. There we are pissed oot wer heids sayin how much we love each other and we cannae dae it when we're sober.

The tears sterted tae come, right runnin doon ma cheeks, and ma body was heavin, don't think ah've grat like that since a was a wee boy. Ah sat on the cushions, shudderin wi sobs and these big snotters runnin doon ma face. The Rinpoche handed me a great big white hanky; ah blew ma nose and it sounded like a car backfirin in the quiet of the meditation room. And ah fund masel startin tae laugh, hauf-laughin, hauf-greetin. The Rinpoche put his haund on ma airm and said very quietly. 'Good work, Jimmy. Good cleaning.'

Anne Marie

AH GOT PICKED for the school show the day. At regi Mr Henderson announced that the list of names was up on the noticeboard so ah rushed doon at break time, pushin ma way through tae see. Charlene's name wisnae there and she was a bit pissed aboot it. When ah went tae sit next tae her in the Fuel Zone she never said anythin though, just kept talkin tae Roseanne. Roseanne's a big skinny lassie, wears dead short skirts and keeps her Gap top over her school sweatshirt in class if she can get away wi it. She always hangs aboot wi us noo.

Ah was desperate tae talk aboot it but ah didnae like tae say anythin in front of Charlene so ah just sat there, eatin ma crisps, listenin tae them gaun on aboot Keir Simpson, a boy in second year. Charlene's daft aboot him.

'He's nippin a lassie in third year,' says Roseanne.

'Third year? You're no serious.'

'He is so.'

'A lassie in third year widnae get aff wi a second year boy.'

'Ah'm tellin yous. Alison McKechnie. Ma sister's in her class. They were all slaggin her aboot baby snatchin.'

Efter school we went doon Byres Road. Charlene and me get the bus there and Roseanne was gaun back tae Charlene's bit.

'You comin round too, Anne Marie?'

'Naw, ah need tae go and see ma mammy the now.'

Ah didnae really, but ah couldnae be bothered watchin them tyin each other's hair back wi scrunchies and talkin aboot Keir Simpson, and anyway ah was desperate tae tell somebody aboot the show.

Mammy works in a lawyer's office just aff Byres Road. When ah opened the door there was a young blonde wumman sittin at the desk by the phone where ma usually sits.

'Can ah help you?' she said, lookin a bit suspicious.

'Ah'm lookin for Liz McKenna.'

She smiled. 'Oh, you must be Anne Marie. Ah'm Nikki.'

Ah mind ma mammy tellin me there was a new lassie had started workin there.

'She's in wi Mr Anderson the now. Do you want tae wait for her?'

'Is she gonnae be long?'

'She might be a while – he'd quite a lot of papers to go through. Ah'll phone through if it's important.'

'Naw, it's cool. Ah'll see her at hame.'

'Sure?'

'Aye.'

Ah decided tae go tae ma granny's hoose – she's round the corner fae us in a wee pensioner's flat. She doesnae keep that well and Ma goes round there every night, does her messages for her and tidies up.

Gran was sittin lookin oot the windae when ah went by and she waved at me and smiled. Ah let masel in and sat doon on the chair opposite her.

'Hi, hen. How was school?'

'OK. Gran, ah've got a part in the school show.'

'That's great, hen. Singin?'

'Aye, and actin and mibbe a bit of dancin as well.'

'Well, you've a beautiful voice, darlin. You were always the best at primary.'

'Aye but it's no the same at secondary, Gran. There was loads a competition. And ah've actually got a part, ah'm no just in the chorus.'

'What show is it?'

'*Joseph and the Amazin Technicolour Dreamcoat.*'

'Rose and me went tae that at the King's a couple a year ago. It was brilliant.'

'Ah'm wanny Joseph's brothers.'

'Well ah cannae wait tae see it.'

'It's on just afore Christmas.'

'Hope ah'm better afore then – don't want tae miss that.'

'You'll be fine soon.'

'Your mammy and daddy will be right proud of you.'

'Suppose so.' Ah stood up. 'Want a cuppa tea, Gran?'

'Thanks, hen – there's a packet of chocolate biscuits in the cupboard.'

Ah went intae the kitchenette tae put the kettle on. Ah

knew ma ma and da would be pleased aboot the show but these days they hadnae been exactly payin much attention tae me. It was weird. Ma mammy's no speakin tae ma daddy. Ma Uncle John's no speakin tae ma daddy. Everybody's speakin tae me but naebdy's tellin me anythin. Happy faimlies.

Ah've hardly seen ma da, wi him workin all hours and spendin hauf his time at that Centre. Ah know him and Uncle John have had a big fight but ah don't really know whit it was aboot. And Ma used tae be dead interested in how ah was daein at school, wanted tae know all aboot the different subjects – it was a pain sometimes. But recently she's been gaun round in her ain wee world. Ah wanted tae talk tae her aboot Charlene but somehow ah've never had the chance.

Ah put ma gran's cuppa tea and ma juice on a tray wi a plate a biscuits and took it intae the livin room.

'Thanks, hen. You're a great help.' Gran took a sip oot her mug. 'So how's school these days? See much of that wee Charlene?'

'Aye.' Ah lifted a chocolate biscuit, then put it back on the plate.

'Whit's wrang, hen? No hungry?'

'Naw, don't fancy it the now, Gran. Think ah'll wait for ma dinner.'

Ah kept thinkin aboot it on the way hame. Whit had happened at ma uncle John's party? Must of been bad if they're still no talkin two weeks later – don't know how they manage when they're at their work. Ah think it's sumpn tae dae wi this Buddhism cairry-on but. Ma da's changed. Ah mean at first it didnae seem tae make much difference tae him – even though he was meditatin he was the same auld da. The wan thing you can say for ma daddy is that he's never moany or that, always a good laugh. But noo, he's different. Dead serious. Says he's a vegetarian. Mammy's havin tae make two dinners every night, wan for him and wan for us. And he's stopped drinkin. No that he was an alkie or anythin but he'd go for a pint, have a glass a wine wi his dinner. But noo he says he doesnae want tae drink at all. A few month ago, ah'd have just asked ma daddy straight oot, 'Whit's up, Da, whit's this all aboot?' But somehow ah don't like tae. Every time ah go tae ask, ah just cannae. Ma and Da have always brung me up tae speak up about things. They always said if there's anythin worryin you just tell us. Never keep it tae yersel. No that there's been anythin that bothered me all that much afore, except in primary three when the teacher was pickin on me and the time when Charlene fell oot wi me, they were the only things. And last year when ma grandpa died, but everybody was upset then. But noo, when there's sumpn really botherin me, naebdy seems tae notice.

Ah thought of askin ma granny but ah don't like tae when she's no well. And there was nae point in askin ma pals, they'd think ma da was just aff his heid – didnae really want tae talk tae them aboot it anyway. Then ah had a brainwave. The R.E. teacher at the school was tellin us the topics for wer course and he said that efter Christmas we were gonnae dae Buddhism. Ah didnae think ah could wait tae efter Christmas so ah went tae see him just when school was finished. Tellt Charlene ah was gaun tae collect a hamework sheet ah'd loast. He was sittin at his desk shufflin bits a paper aboot.

'Anne Marie. What can I do for you?'

'Well, know how you said we were startin Buddhism efter Christmas?'

'That's right.'

'Well, ah was wonderin if you'd any worksheets or that . . . could ah have them the now?'

'You want to start studying it now? I'm impressed, Anne Marie. The thing is, the sheets aren't photocopied just now – I'd need to look to see if I had a spare one . . . could you maybe come back?'

'Nae bother.'

Ah turnt tae go but ah must of looked disappointed for he called me back.

'Is there something you specially wanted to ask about Buddhism . . . I mean if there's something you want to know I could maybe help you.'

Ah went back tae his desk. If ah could of thought what it was ah wanted tae know ah'd of asked him. Trouble was ah didnae know where tae start.

'It's no wan thing sir, it's mair, generally, aboot Buddhism. It's OK, doesnae matter. Ah'll just wait tae efter Christmas.'

'Is there a particular reason why you're so interested . . . did you read something about it or see it on TV? I mean, I don't often get pupils asking me for work early!' He smiled.

'Well, see, ma da's a Buddhist, kind of . . . at least he's tryin tae be wan.'

'Really? That's very interesting. And were you thinking of joining him?'

'No me.'

'You want to understand it more, is that it?'

'Aye.'

'Good for you. Look, I'll see if I can find a book that might explain the basics. And if you do want help, just ask. I'm always happy to talk about it.'

'Thanks, sir.'

'But maybe you should ask your dad to explain it to you. Then you'd see it from his point of view.'

Ah knew whit he was sayin and ah knew it made sense — it was just that ah didnae really know whit tae ask. But ah decided tae make a start.

So at teatime that night ah said, 'Da, whit has bein vegetarian goat tae dae wi bein a Buddhist?'

'Well, it's about respectin all livin beins, animals as well as people.'

'So is it wrang tae eat meat then?'

'Ah'm no sayin it's wrang, it's just wrang for me the now.'

'And whit aboot the bevvy then? Ah mean that's no made fae animals, is it?'

'Naw, it's no that. It's just tae try tae be a bit mair clear.'

'How d'you mean, Da?'

'Well, drink kind of makes yer brain a bit . . . fuzzy. And if yer a Buddhist yer aimin for mental clarity.'

'That's whit the meditatin's aboot, in't it?'

'Aye.'

'We're gonnae be daein Buddhism in R.E. next term.'

'Zat right?'

'Aye, efter Christmas.'

'You'll need tae come tae the Centre wi me.'

'It's no like that. We just study it. We dae all kinds of religions, Hinduism and stuff, tae. Don't think ah fancy bein a Buddhist.'

'Thank God for that. Wan Buddhist in here's enough.' Mammy piled up the plates and took them intae the kitchen.

'Ah'd have tae gie up bacon rolls if ah was a Buddhist.'

'You can get veggie bacon.'

'Naw, *you* can get veggie bacon. Ah mean if you're a Catholic you only need tae gie up things for six weeks.'

The first rehearsal was on Wednesday efter school in Miss O'Hara's room. Her and Mr Wilson, the Drama teacher, were staundin at the piano and there was a whole crowd of kids hangin aboot, fae all different years. Some of the seniors, like Maggie Hannah and Paul Allan, had really big parts. There were aboot twenty first years, but ah didnae recognise any of them except for Nisha, a lassie who was in ma Science class. Ah didnae really know her that well, but wan week when her partner was aff she'd been in our group for the experiments and ah minded she'd done everythin that neatly, long thin fingers haudin the test tube intae the flame of the bunsen burner. Nisha hauf-smiled at me and ah went ower tae sit beside her.

'Hi.'

'Hiya.'

'Have you got a part or are you in the chorus?'

'Ah'm wanny Joseph's brothers.'

'Me too.'

'OK, let's get started.' Miss O'Hara moved tae the front of the room. 'Can you all find a seat, please? Right. Listen up. Rehearsals for the full cast are Wednesdays after school. Those pupils with solo parts like Joseph and the Pharaoh will also rehearse on Tuesdays at lunchtimes and Joseph's brothers will come on Thursdays at lunchtimes.' She looked round as a few folk started mutterin. 'Watch my lips — anyone who cannot or does not want to attend rehearsals, all rehearsals, should leave now.'

There was a bit of shufflin and mumblin but naebdy moved. 'Good. Now remember, I mean *every* rehearsal from now until the show. There are plenty of others who want your part if you drop out.'

She looked round. 'Any questions about what I've said so far?'

A boy at the back piped up, 'Miss, I've got basketball on Thursday lunchtimes.' It was Keir Simpson. Charlene's face would really be trippin her when she found oot he was in the show.

Wilson spoke. 'Well, you'll have to decide which you want to do. Sorry – whatever day we make it, it'll clash with something else.'

'Is that it?' Miss O'Hara looked round. 'No? Good. Let's get started.'

Efter the rehearsal Nisha and me stood at the school gates. 'That was brilliant, wasn't it?' she said.

'Aye.'

We started singin thegether. 'Joseph,' then we stopped, wavin wer haunds in the air like Miss O'Hara for the two silent beats and continued. 'He was Jacob's favourite son.' Suddenly we burst oot laughin.

'Well, ah go this way,' said Nisha, pointin doon the hill.

'Ah'm gaun tae Byres Road.'

Nisha took a pair of pink gloves fae her pocket and started tae pull them on. 'Mibbe we could rehearse a bit on wer own – I mean you could come round to mine some day, if you like . . .'

'That'd be cool . . . or you could come tae mines. Where d'you stay?'

'Just off of Great Western Road. Look, ah'd better get home now . . . mibbe see you the morra at school.'

'OK. See you.'

Ah'd arranged tae go doon tae ma mammy's work tae meet her efter the rehearsal. She was puttin on her jaicket when ah opened the door of the office.

'Hi, hen. Good rehearsal?'

'Brilliant. We're learnin the singin parts frst then we'll get tae dae all the actions later.'

'So will you be rehearsin every Wednesday then?'

'Aye and lunchtimes on Thursday.'

'Remind me tae put it on the calendar when we get hame.'

Ma mammy's got this calendar in the kitchen and everythin gets written doon on it. Of course ma da always forgets and he'll say he's gaun oot somewhere or he's workin late or sumpn then ma ma says she didnae know. 'But ah tellt you,' he'll say and she'll say, 'it's no on the calendar.' They're like Ant and Dec. Wan day, efter they'd went through this routine, he wrote 'breathe, eat, go to toilet' across it in big rid letters.

The rain started just as we reached the end of the street. 'Damn, ah put a washin oot this mornin, thought it would stay aff – oh, there's yer daddy's van, he's hame afore us. He'll mibbe have brung it in.'

But there was nae sign of him. Mammy rushed oot the back tae bring in the washin and ah went through and started on the dishes that were left fae this mornin. When she came back in she opened the fridge and started takin stuff oot. 'Is your daddy no . . . oh, there you are. Where were you?'

'In the room.'

'In the room?'

'Da, ah was at a rehearsal the night.'

'That's nice, hen.'

'Could you no have brung that washin in? It's started tae rain.'

'*Joseph and the Amazin Technicolour Dreamcoat.*'

'Never noticed.'

'Or washed a dish?'

'Sorry, ah was meditatin.'

'Could you no meditate while yer daein the dishes in future? Anne Marie's rehearsin her play every week fae noo on and she's got hamework too. If you're back first you could at least tidy up a bit.'

'It's a musical.'

'Ah've got enough tae dae gaun round tae ma mammy's every night.'

'That's the phone, Ma.'

'Ah'm sorry.'

'Easy said.'

'Ah'll get it.'

It was Charlene. 'How was your rehearsal the night?'

'Fine. Good. We just learned some of the songs.'

'Who was all there?'

'Loads of folk. All different years.'

'Was Keir Simpson there?'

'Aye. He's got a good voice.'

'Has he?'

'Aye. No shy aboot singin out loud either. Maist of the boys'll no sing on their ain.'

'Was that lassie fae third year there?'

'There were loads a lassies fae third year there.'

'You know – the wan he's supposed tae be nippin – Alison McKechnie?'

'No sure – whit does she look like?'

Her voice grew fainter. 'Whit does she look like?'

'Hackit – dead geeky.'

'Is that Roseanne?'

'Aye.'

'Ah don't know if she was there – ah never seen him wi a lassie. Look, ah'd better go, ah'll need tae get ma tea.'

'OK. Want tae come round efter?'

'Naw, no the night. Ah need tae learn ma part.'

'See you the morra then.'

'Aye.'

When ah went intae the kitchen the room was all steamy wi boilin watter fae the pasta and ma daddy was settin the table.

'Who was it, Anne Marie?'

'Charlene.'

'Is she in the show too?'

'Naw.'

'That's a shame.'

'Ah don't think she's that bothered.'

Everybody was dead quiet all through teatime and ah kept thinkin aboot Charlene. Ah was so mad at her. She only phoned me because she wanted tae find oot aboot that Keir guy. We'd been best pals all through primary except thon time in primary five when she'd went aboot wi Susan Gallagher and fell oot wi me. Then ah tellt ma mammy aboot it and it got sorted oot. And ah wanted tae talk tae her noo but how could ah? Everythin was different. Weird.

Ma broke the silence. 'Anne Marie, have you got homework the night?'

'Maths. And a wee bit of French. And readin for English.'

'Well, you'd better get a move on if you want tae watch that programme aboot Madonna.'

'Madonna?' says ma da. 'Is she no a bit auld hat noo? She was on the go afore you were born.'

'Da,' ah says, 'Madonna is the best. Ever.'

Next day at break time ah was sittin wi Charlene and Roseanne when ah seen Nisha comin intae the Fuel Zone on her ain.

'See yous later – ah need tae ask Nisha sumpn.'

Ah went ower and tapped her on the shouder.

'Hiya.'

'Oh hi. Ah was in another world there – just oot a maths test.'

'Who d'you get?'

'Harkins – she's OK, just a bit moany. Hey, Anne Marie – d'you like Madonna?'

'Ah love Madonna. She is so cool.'

'Isn't she – ah like the early stuff best though.'

'Me too.'

'Did you see the programme last night?'

'Aye, fantastic.'

'Ah've taped it. If you like, when you come round tae mines we can watch it again.'

'That'd be great. Ah wanted tae tape it but ma da was tapin sumpn on the other side.'

'How about Saturday then?'

'OK.'

'There's the bell. Gotta go. Look ah'll see you in Science the morra and we can arrange a time.'

'Right. See you.'

Nisha heided aff and ah turned back tae where Charlene

and Roseanne were still sittin at a table, opposite each other. Charlene was leanin ower, haudin Roseane's chain in her haund, examinin it. It's wanny they chunky gold necklaces wi her name on it. The bell had already went but there was nae sign of them movin. Ah turned ma back on them and went aff tae ma next class.

On Saturday ah went round tae Nisha's hoose. Everybody was oot and we watched the Madonna video in her livin room, then went intae Nisha's room and practised some of wer *Joseph* songs. It was a right laugh. Ah always thought Nisha was dead quiet, and she is maist of the time, but see on her ain, she is so funny.

Once we'd run through all the *Joseph* songs, Nisha said, 'Why don't we dae some Madonna songs as well?'

'Let's dae "Into The Groove". That's ma favourite.'

'D'you fancy daein it on the karaoke?'

'You got a karaoke machine in the hoose?'

'It's ma brother's – he does it tae make money tae help him through college. He gets loads a gigs for Indian weddins. But he does DJin tae – that's what he really likes – Kamaljit calls him Sikh Boy Slim.'

'Ah love the karaoke but ah've only ever done it at parties.'

'He'd murder us if he knew were usin it but he'll no be back for ages yet.'

Her brother's room was full of eletrical stuff, speakers and wires and CDs all ower the place and the walls were covered in posters of hauf-naked women.

'Close your eyes – ah keep tellin him he's a sexist pig. My mother won't even come in this room tae clean it – she gets me tae dae it.'

'Can he no clean it hisself?'

'Come on – he's a male – incapable of lifting a duster. Oh and they can work all sorts of complicated recording equipment but switching on a hoover is beyond them.'

'Sounds just like ma da.'

Nisha switched on the karaoke machine and the intro belted oot. 'Better turn it doon a wee bit – if the neighbours complain ma ma will go hairless – cannae have that – a baldy Sikh!'

She rewound it, handed me the mic and ah managed tae get in just in time tae say, 'You can dance,' in ma best American accent. Then the two of us started, a wee bit shaky at first and no quite thegether but then gettin right intae it, beltin it oot, dancin round the room daein Madonna impersonations. It was a pure laugh.

Efter that Saturday at Nisha's hoose, we started tae wait for wan another at lunchtimes and at breaktime, hang aboot thegether. Sometimes we'd sit wi Charlene and Roseanne or ah'd join the lassies Nisha knew fae her primary school but it wasnae the same. When we were wi Charlene and Roseanne ah never felt right. If we talked aboot the school show all Charlene wanted tae know aboot was Keir Simpson. And Nisha was dead quiet wi them, just like she was in class. And wi her pals ah didnae know whit tae say. They'd known each other at primary. Some of them seen each other at Temple as well so they were talkin aboot folk ah didnae know or things ah didnae unnerstaund. Ah knew Nisha'd explain things tae me but ah didnae like tae ask in front of them.

It was always a relief when we said cheerio and went aff on wer ain. We never spoke aboot it but ah think we baith felt the same. Maist folk used tae hang aboot the Fuel Zone at lunchtime or go alang tae the chippy in Great Western Road, so the two of us started tae heid ower tae the park and sit on a bench there eatin wer pieces. It was Nisha's idea. And it was nice, quiet away fae the crowds of folk.

It had been a dead mild autumn but as November came it started tae get chillier.

'We'll need tae find somewhere else tae go. We'll no be able tae sit ootside much longer,' ah said. 'Ma pieces are like ice poles.'

'Hey, Anne Marie, how would you feel about coming back to mines for lunch? It's really close. Ah used tae go hame at lunchtime when ah was at primary and my mum's always on at me. "Need to get a hot meal inside you."'

'Would she no mind you bringin me back?'

'She wouldnae mind me bringing back the entire class if she thought she'd get a chance tae stuff me with home cooking. And she's always moaning about nobody eating at home any more. Gurpreet's always out and Kamaljit's away. Naw, it'll be cool.'

And it was cool gaun round tae Nisha's. Though cool isnae a very good word tae describe it. Her hoose was always roastin. Her ma kept askin me if ah was warm enough when the sweat was pourin aff me.

'It's always like this,' Nisha said. 'You've heard of global warming, haven't you? Well this is where it started. My mother can use up 50% of the earth's fossil fuels in an afternoon.'

And the food was great. Spicy, but no the way food in Indian restaurants is. Always straight off the stove or oot the oven. It was great tae leave the school on a wet day and go round tae Nisha's hoose, sit at the kitchen table wi her while her ma served up wer dinner, the radio on in the background or a tape of Indian music. It was like when ah was wee and me and Charlene used tae go round tae ma granny's for wer dinner, dead cosy, though the calendar on Nisha's wall was of Sikh temples, no scenes of Donegal.

'Is it no a lot of bother for your ma though, Nisha?'

'Don't be daft, she loves it. There's nothing she likes better than feeding people.'

'Aye but the food she's givin us. When you said come round for lunch ah thought we'd mibbe be gettin a bowl of soup and a cuppa tea.'

'D'you no like the food?'

'Are you kiddin – ah love it. It's just it's so much work for her every day.'

'Honestly, Anne Marie, she enjoys it. And if ah was going home by masel she'd be making just as much and trying tae stuff it all into me. So you're doing me a favour.'

'OK.'

We turned the corner and heided towards the school gate.

'What are you doing on Friday, Anne Marie?'

The Friday was an extra holiday, an in-service day for the teachers.

'Nothin really. Ma and Da are workin. Wha aboot you?'

'Nope. That's why ah was askin. Wondered if you'd like tae come round tae mines and use the karaoke when Gurpreet's at college.'

'Aye, that'd be great.'

Nisha's livin room was filled wi photies of her faimly; weddins, birthdays, her sister's graduation. 'You cannae go tae the shops without my mother takin oot her camera.'

'It's ma da that takes the photies in our hoose.'

Then ah shut up, embarrrassed. Nisha'd never spoken aboot her da. In the centre of the unit was a big framed picture; Nisha's ma, maybe five year younger, a man wi a turban and a beard, a young woman, a skinny boy and a wee lassie. When ah looked closer ah could see the wee lassie was Nisha. Same big brown eyes, same expression, as if she was aboot tae burst oot laughin but was haudin it in. She lifted the photo, held it so ah could see. 'It was only a couple of weeks after it was taken that he died. Heart attack.'

Ah didnae know whit tae say.

'Ah'm sorry.'

'It's OK. Ah mean, it's not OK, but ah'm OK with it.'

'Ah cannae imagine ma daddy no bein around. It was terrible when ma grandpa died last year but he was ma da's da. He was auld.'

'Bet your parents are a lot younger than mines though.'

'Mammy's thirty-three and ma da's thirty-seven gaun on twelve.'

'My da was fifty-five when he died. He was forty-eight when he had me, and my ma was forty-three – can you imagine!'

She put the photo back with the others. 'Let's get on with the karaoke.'

It felt kind of weird bein in Gurpreet's room when ah'd never met him. The place was a complete tip, clothes all mixed up wi his CDs, all spread across the bed, stuff dumped in corners. Wan side of the room was completely taken up wi shelves and shelves of records.

'Ah thought it was just ma da that still had records – he's still got all his auld punk rock wans.'

'Don't tell Gurpreet that – he'll be round tae your house like a shot tryin tae get yer da tae sell them.'

'How?'

'He likes tae mix tracks – sample bits and pieces fae different bands. Ah tellt you – he thinks he's Fat Boy Slim.'

'Aye but ah thought it was dance music he did – no punk rock.'

'Gurpreet samples everything – he puts in Indian music, Bollywood songs, pop, hiphop, bhangra, everything.'

'Is it any good?'

'Ah don't really know – ah've never been at his gigs – ma wouldnae let me go, of course – but some folk like it. And he's determined he's gonnae be the next big thing – spends nearly all his time on it. He only does the karaoke tae get money for the equipment – this is his mixing desk.'

There was a big black box thing on a desk under the windae covered in switches and knobs and wires comin oot all ower the place.

'But now he's got a computer program that seems tae dae everything so . . . oh oh.'

Nisha stopped. Ah could hear the door slam and before we could move in came Gurpreet, a tall skinny guy, wearin baggy combats wi loads a pockets in them and a scarf tied round his heid like a bandana.

'What the hell?' He looked at me and Nisha.

For a moment there was silence then Nisha said, 'We never touched anythin – ah was just showin Anne Marie your stuff.'

He nodded at me then walked past and stood close tae Nisha. He looked mad but spoke quietly. 'How many times have ah tellt you no tae come in here?'

'Ah've said ah'm sorry, right?'

Ah started tae edge oot towards the door. Ah kind of wanted tae say ah was sorry too but didnae want tae interrupt. Then he started speakin even lower, in a language ah didnae unnerstaund but mixed up wi English words and Nisha was answerin him in the same way. Ah stood just outside the room till Nisha came oot and shut the door behind her. She never said a word, just made a face, crossin her eyes and stickin her tongue oot at me. Ah managed tae haud in the laughter till we went through tae Nisha's room, then the two of us collapsed on the bed, gigglin.

'Ah don't believe it – he's never home at this time. Just ma luck.'

'Was he really mad? What were yous sayin? Do yous speak Punjabi in the hoose then?'

'No really. When ma da was alive we used tae – he wanted us tae speak the mother tongue – but Kamaljit and me just speak English maist of the time. Even my ma doesnae really speak it tae us a lot. But Gurpreet likes tae mix it in, especially when he's DJin. Thinks it makes him a bit different fae the others.'

Nisha looked oot the windae. 'It's rainin. Chuckin it doon. Don't want tae go oot in that.'

'Naw.'

'Fancy watchin a video?'

The rest of the weekend Nisha and me saw each other all the time. Wan day went tae hers then the next up ma bit. Ah even took her round tae ma granny's. It was great. It didnae even dawn on me that Charlene never phoned. And it took ma mind off the way things were at hame between ma ma and ma da.

Liz

AT FIRST AH thought ah hadnae heard right.

'Celibate, Jimmy?'

'Aye, you know, well . . . no daein it for a while.'

'Ah know whit celibate means, Jimmy, ah'm no daft, ah just don't unnerstaund. Whit's gaun on? Is there some-body else?'

'Of course there isnae.'

'It's that Barbara, isn't it?'

'Liz, you know there's never been embdy but you, you know that.'

'Well, things have no exactly been normal the past few month.'

He wis sittin in the big chair under the standard lamp, and the light shinin on his face made the lines stand oot harshly.

'It wis efter John's party, ah got tae thinkin aboot givin things up. Ah felt that ashamed.' He spoke slowly as if he wis thinkin it oot as he wis speakin, starin intae the distance. 'And since then ah've been tryin. Nae drinkin, nae eatin meat. And wee things too – wan thing each day, know, just daft stuff. Say ah feel like a Kit-Kat wi ma tea but don't have wan or ah get a good tip fur a horse but never pit the line on, and, you know, ah feel as if ah'm makin some kindy progress.'

'Progress?'

'Aye, you know, controllin ma desires.'

'And whit aboot ma desires, Jimmy?'

He never answered, just sat there lookin stupit. Ah felt the anger rise in me. Ah was tryin tae be patient and listen tae him, but when he got thon look in his eye, he just went on his ain sweet way, payin nae heed tae anybody else. And the way he wis talkin as if this was all new, like he'd personally invented it. Whit the hell did he think Lent wis fur?

'Whit aboot me, Jimmy? Whit if ah don't want tae control ma desires? Whit then?'

He looked at me as if ah was speakin a foreign language.

'Ah'm sorry, Liz, ah feel this is really important tae me, ah wis talkin tae the Rinpoche aboot it and he said . . .'

'Jimmy, ah don't gie a flyin fuck whit the Rinpoche thinks aboot it.'

'Liz . . .' He put his haund on ma airm. Ah don't know if it wis me swearin or the idea that no everybody thinks the lamas have a monopoly on the truth that shocked him maist.

'Ah need a fag.' Ah opened the drawer where ah keep a pack a ten just in case ma mammy runs out.

'But you haveny smoked for years.'

'If you don't count the wan ah took aff your Agnes at Denise's weddin three year ago, yeah, you're right.'

'Well, you don't want tae start noo.'

Ah put the fag in ma mooth, struck a match and lit it.

'Naw, Jimmy, ah don't want tae start smokin again, you are so right. But ah'm gonnae. And if you don't want tae gie in tae your desires as you put it, that's fine – you go ahead and be celibate.'

Ah sooked in the smoke.

'But you'd better think long and hard aboot the consequences. Because ah have no intentions of followin your example.'

Big words. Ah might have had nae intentions a followin his example, but, well, if yer man doesnae want tae dae it, you don't have a whole lot of choice. You can hardly force him.

At the time, of course, ah never thought he'd keep it up. Bad joke. If there's wan thing ah thought ah'd learned in thirteen years merriet tae Jimmy it's that nothin lasts. He'll be rampagin roond the hoose aboot sumpn wan minute then he's forgotten all aboot it the next. And aw his big schemes fur gaun hang-glidin or bungee jumpin, we've been through that a million times. He'll talk talk talk aboot it fur days then suddenly he's ontae sumpn different. Ah'd been amazed that this Buddhism cairry-on had lasted mair'n a fortnight in the first place. But celibacy – no way. Ah wis giein it a week at the maist. The first night he came hame feelin a wee bit thon way, well, ah'd know, and mibbe ah'd curl roond his back when he gets intae bed and start strokin him in wanny the right places and we'd be back tae normal.

But a week went by and then two and nothin happened. And that wisnae normal for us. Ah don't know whit normal is, it's no sumpn ah've ever talked aboot (and ah don't believe aw that stuff in the magazines) but we were always good thegither, we've always fancied each ither. And it's never been weeks wioot sumpn happenin.

It's funny, ah'd never even thought aboot it afore, why would ah? It's like turnin on the tap fur water – you never think aboot it till it's no there. It had never crossed ma mind whit it would be like no tae dae it. Ah startit tae feel a bit raw, jaggy roond the edges.

So wan Friday night ah packed Anne Marie aff tae stay the night at her granny's. Jimmy wis due in a bit later cos he'd a job on in Paisley and they wanted it finished up for the weekend, so ah'd plenty time tae get organised. Ah set the table wi candles and a vase a freesia – ah love the smell of them. Ah really enjoyed takin ma time, gettin masel in the mood; ah ran a bath wi Fenjal in it and lay in it for ages, then ah shaved ma legs and smoothed on body lotion so's ma skin wis nice and saft. Then ah pulled oot the sexy undies fae the back of the drawer; ah don't get dressed up in them every week but every noo and again it kind of spices things up a bit, you should see Jimmy's face. Anyway, by the time he was hame, whit wi no havin done it for a few weeks, ah'm well ready.

Ah thought he'd notice right away, ah don't usually pit on a short skirt and full warpaint just for wer tea on a Friday night. But he just looked at the flooers on the table and the candles and said, 'That's nice, hen. Have ah got time for a shower afore ma tea? Ah feel clingin – it wis roastin in that van.'

'Aye, on you go.'

After his shower he came in and sat doon at the table.

'Want a drink?'

'Ah'll have an orange juice.'

'Are you no wantin a beer or sumpn? Ah'm havin a gin and tonic.'

'No thanks, hen.'

He looked at me, then at the candles and flooers.

'Have ah forgot sumpn? Ah know it's no oor anniversary.'

'No,' ah said.

'Thank God for that.'

'Ah just thought it wid be nice tae spend some time thegither, make it a bit special. We've no had much chance tae talk lately.'

'Ah know, it's been a bit mental, wi this job in Paisley and preparin for the lama's visit tae the Centre.'

Ah decided tae move in for the kill afore he started on aboot lamas, so ah went and sat doon on his knee. Ah pit ma airms roond his neck and licked his ear lobe, then moved doon the back of his neck. Usually that's all ah have tae dae tae get him movin but the night it didnae seem tae dae the trick.

'Jimmy,' ah breathed intae his ear, 'come on, ah'm dyin for it.' He likes a bit of dirty talk but ah'm too embarrassed tae say much, that was a lot for me. Ah took his haund and placed it on ma leg under ma skirt.

Nothin. Well, no nothin exactly, ah knew sumpn was stirrin but he was hell bent on ignorin it.

He took his haund away, quite gently, and said,

'Liz, don't dae this.'

'Whit's wrang, Jimmy?'

'There's nothin wrang, hen, it's just, ah've tellt you, ah want tae be celibate for a while.'

Ah stood up. Ah could feel ma legs shakin. Ah went tae the drawer and got oot ma fags, pit wan in ma mooth while ah wis talkin.

'A while?'

'Ah don't know how long it's gonnae be. Ah'm on a journey and ah don't know where ah'm gaun.'

Ah sooked in the smoke and blew it oot through ma nose; that aye seems tae gie mair effect.

'Zat right?'

Sarcasm is wasted on Jimmy these days.

'Ah need mair clarity, tae see things in a different way. Mibbe then we might be able tae, you know . . .'

'If ah have tae wait tae you get mair clarity afore we have it aff ah'll be deid.'

'Liz, don't.'

'Of course, that'll be OK, ah mean yous Buddhists believe in reincarnation, don't yous? Mibbe we could have sex in wer next lifetime.'

Ah almost asked him tae leave efter that. Ah felt that humiliated, staundin there all dolled up in the gear, practically beggin him and him turnin me doon. But, you know, when you've been thegither for a long time, it's such a huge thing tae split up. And every marriage has its ups and doons – ah kept thinkin it wis just a phase we were gaun through and he'd come tae his senses wanny these days.

And there was that much happenin ah suppose it was too much hassle tae think aboot anythin but gettin through the week. We'd been dead busy at work, phone never seemed tae stop ringin. And they'd taken on this new lassie, Nikki; she was nice and quite willin and all that but ah needed tae train her up a bit, show her where everythin was and that took up some of ma time. Then Mammy was worse. She's never really been right since the spring. The doctors don't know exactly what's wrang wi her but she's no got the energy she used tae have and ah'm worried she's no eatin properly. Ah'm round there nearly every night just for a wee while either afore or efter tea, and by the time ah've done that and tidied up a bit it's hauf-eight and ah'm exhausted, just want tae curl up in fronty some rubbish on the TV and go tae ma bed.

I'm feelin guilty aboot Anne Marie too. Ah know ah should spend mair time wi her; she's growin up that quick the now. And Jimmy's either workin or oot at that Centre hauf the time, he's no payin her much attention. Ah need tae get started on the Christmas shoppin too – there's only four weeks tae go and ah'm usually haufway through it by this time. But ah'm just that knackered ah cannae think straight.

Tricia and me had arranged tae meet for lunch on her day aff. We usually go Christmas shoppin thegether, make a day of it, but ah didnae have time this year. Ah suppose ah could of taken a day's holiday but ah couldnae really be bothered spendin the whole day trailin round the shops. They're open that late nooadays ah can go in efter work or take Anne Marie in on a Saturday. But ah didnae want Tricia tae think ah was avoidin her efter thon cairry-on between Jimmy and John. The two of them made it up a couple a week efterwards – it's a bit difficult no speakin when you're workin thegether – but there's always been a wee edge tae Tricia, ah think she took it harder than John did actually. Ah know it shouldnae make any difference between me and her but you cannae be too sure aboot these things.

We met in a Greek place round the corner fae the office; Tricia arrived five minutes efter me, trachled wi parcels.

'The town was murder, but that's me finished.'

'Ah've hardly started this year.'

'Ah've a couple a wee stockin fillers tae get for the weans but that's all the big stuff. Ah sent for a few things oot the catalogue as well.'

'Ah think ah'll take Anne Marie intae town on Saturday. If we go in early it shouldnae be too bad. Or mibbe we'll go tae Braehead. Take the motor.'

'We went there last Saturday and it was a nightmare. Couldnae get parked – ah've never known it like that afore. John had tae drap me off at Marks's and park the car away ower the other side. You'd be better takin Jimmy wi you if you're gaun or else you'll have tae walk miles.'

The waitress had appeared at the table. 'Would you like to order drinks?'

'Ah'll have a mineral water, please.'

'An Appletize for me.'

'You ready tae order, Trish?'

'Ah think so. Ah'll have the soup and moussaka, please.'

'Can ah have prawns tae start and moussaka as well. Thanks.'

'It's nice here, isn't it?'

'Aye. Busy, though. Glad we booked.'

'John and me came for a meal here last Saturday. We should all come here wan night, the four of us.'

'Aye, we should.'

'Havenae seen as much of each other as we used tae.'

'Naw, we've no been oot much at all.'

'Well, we should book somethin durin the Christmas holidays.'

'Aye, afore the work starts back.'

'Ah'll need tae make the most of ma freedom while it

lasts.' She was smilin. 'Liz, ah cannae keep it a secret any longer – ah'm expectin again.'

'Tricia – congratulations!'

Ah felt as if somebody'd punched me and knocked ma breath away. Ma face was smilin but inside there was this horrible sour feelin.

'When's the baby due?'

'Seventh of June.'

'This is a surprise. Ah didnae know you were plannin another wan. Or was this John's fortieth birthday present?' Tricia's auldest is fourteen and her youngest's ten. Ah always assumed she didnae want any mair.

'Ah've always wanted another. Efter Drew wis born ah thought ah'd have a wee break, then ah started workin and . . . you know how it is, you kind of put it aff.'

'Aye.'

The wumman put the drinks on the table. Tricia took a sip of hers, then looked at me, speakin quietly, though there was naebody close by.

'Actually we started tryin again a couple of year ago. When ah hit thirty-five ah thought ah'd better get on wi it, know, then nothin happened and nothin happened and tae be honest ah'd kind of given up, thought that was it.'

Ah nodded. Tricia went on talkin, every noo and then stoppin tae take a sip of her drink.

'Ah was a bit disappointed; ah mean, ah fell pregnant dead easy the other times. Then ah got talkin tae wanny the doctors at the practice, she's expectin hersel, and she said she'd tried wanny these ovulation kits. Tells you the exact time you're maist likely tae get pregnant – so ah bought wan, said tae John, get yer act thegether the night . . . and that was it.'

'Ah can just imagine John's face, you sayin get yer kit aff, son, the light's at green!'

'As long as there was nae footie on the box that night we were OK.'

'So how many weeks is that noo?'

'Thirteen. Ah've had a scan already and everythin's fine so far.'

Ah'd lost ma babies at eight and nine weeks. Ah wondered if Tricia remembered.

'They offered me tests – there's a bigger risk a Downs if you're over thirty-five, but ah don't want tae take them.'

'Nae point if you're no gonnae dae anythin aboot it, is there?'

'Naw. Ah hope they'll be able tae tell us the sex at the next scan though.'

'D'you want tae know afore it's born?'

'Aye. Ah'm hopin for a wee lassie. Ah mean ah love ma boys but ah've always wanted a lassie. And if ah knew it was gonnae be a girl ah could really enjoy gettin stuff for her; ah actually bought this the day – look.'

She pulled oot a poly bag and brung oot a wee frock; all pink and white frills, lacy white tights tae match.

'Ah know it was daft but ah can always change it if it is a boy. It's just ah've always wanted the chance tae dress up a wee lassie. There's some lovely things for girls. And boys get that manky playin football and rollin around in the dirt, it's no worth buyin them anythin nice anyway.'

'Anne Marie plays football.'

'Ah know.'

'No all girls are like that – she'd of had a fit if ah'd tried tae put her in a frilly frock.'

'Aye, but, you never really encouraged her tae be . . . feminine.'

Ah couldnae believe ah was hearin this.

'Pardon?'

'Ah'm no criticisin you or anythin. Ah'm just sayin.'

The waitress arrived at the table.

'Soup?'

'That's me.'

'Prawns?'

'Thanks.'

It was later, at ma desk, that it hit me just how mad ah was at Tricia. Anne Marie no bein feminine. Just as well ah was too polite tae say anythin aboot how she brung up her boys – Shaun and Gerry are cheeky wee brats. Boys will be boys, she says. When wee Drew, the youngest, was two, he took a fancy tae wanny Anne Marie's dolls and took it hame wi him – Tricia took it aff him. Boys don't have dolls. And the wee soul grat his eyes oot, asked Santa for wan at Christmas and she bought him a Celtic strip.

Ah looked oot the windae. Another grey day, a drizzle of fine rain that seeped through yer bones. Who was ah kiddin? What difference was it tae me how Tricia brung up her weans? It was the thought of the new wan growin inside her that was gettin tae me. And the thought that, the way things were between me and Jimmy, what chance was there for me tae have another wean?

Friday, 17th December. The big night. She's a lovely wee singer, Anne Marie, always has been, and she was over the moon aboot this concert. Rehearsin every day at lunchtime, practisin her bit in the bathroom, the bedroom: ah wis gettin fed up listenin tae the flamin songs if truth be told. She'd gone aff tae the school early tae meet her pals and ah wis waitin on Jimmy gettin back so's we could go thegether. Mammy had been desperate tae go but she just wasnae up tae it.

Anne Marie and me had wer tea early but ah'd left him some veggie lasagne that could just go in the microwave while he wis in the shower. Ah'd laid oot his clothes on the bed for him as well. If you want Jimmy tae get anywhere on time you have tae think it all oot in advance.

He strolled in at quarter past six and dumped his bag in the hall.

'Jump in the shower the now, Jimmy. Your tea's ready and your clothes are on the bed. You'd better get a move on.'

'There's nae rush hen, plenty time.' He bent doon and started unlacin his work boots, big black yins, splattered wi paint.

'Look, Jimmy, it starts at hauf-seven and ah don't want tae be late.'

'You just go on, hen, it's OK, ah'll get sorted masel. Ah don't need tae be there tae eight o'clock.'

'Whit the hell are you talkin aboot? It's hauf-seven the concert starts.'

He straightened up.

'Ah'm no gaun tae the concert.'

'Pardon?'

'The night's the talk by Lama Thonden, know the high heid yin? He's ower fae America the now.'

'Jimmy, ah don't believe ah'm hearin this.'

'But ah tellt you aboot it ages ago. He's like, the maist important lama that's ever been tae the Centre, he founded

this big retreat place in California when he'd tae flee fae
Tibet, he's like the Dalai Lama's best pal.'

Ah stood there, the lasagne dish in ma haund. It wis all
ah could dae no tae chuck it at him.

'Hen, he's an enlightened bein.'

Somethin inside me shrivelled and ah felt very quiet and
very cold.

'And Anne.Marie's your daughter.'

He came ower tae me, startit tae try tae pit his airms
roond me.

'Don't . . .'

'Hen . . .'

'Touch me.'

Ah took a step backwards.

'And don't call me hen!'

Ah couldnae remember ever bein so flamin mad. Ah sat in
the front row, payin nae attention tae anyone. The first hauf
was the orchestra and all around me parents were smilin
and nudgin wan another when their wean got up tae play a
solo, but ah sat stony-faced all through it. At the tea break
ah stayed in ma seat. Didnae want tae go through tae get a
cuppa tea in case ah met anybody ah knew – didnae know
what tae say.

Thon man. Ah couldnae get over just how selfish and
self-centred he was. Him and his bloody Buddhism. Sittin
there night efter night gazin at his navel and no seein anythin
that was gaun on round aboot him. Him and his clarity.
Clarity! If he'd open his eyes he might have some clarity.
Rips up his brother's tape of his fortieth birthday party just
cos he doesnae want there tae be a record of him lookin like
an eejit. Decides tae be a vegetarian. Who is it has tae look

up recipe books and make two different dinners every night? Then he decides he's gonnae be celibate so ah have tae be as well. But ah could of put up wi all that because of Anne Marie. Because the bottom line is, he's her daddy and she adores him. And he's always been a good daddy. But how am ah gonnae explain tae her that her daddy's no come tae her concert cause he's too busy seein a flamin lama.

Efter the tea break they all filed in again. The second hauf was *Joseph and the Amazin Technicolour Dreamcoat.* Up went the curtain and in ran a dozen kids all wearin black troosers and different coloured tee shirts, supposed tae be all the colours of Joseph's coat. Anne Marie was nearest the left of the stage, wearin a red wan, and her pal, Nisha was next tae her in yella. The music teacher, a young wumman wi red hair, sat at the piano and when she nodded her heid they began the first song. Ah must of heard it a million times in the hoose but it sounded that fresh and alive when the youngsters all sang thegether. When it got tae the bit where they list all the colours, each wean had tae step forward in turn. Anne Marie was first, steppin right on time when they sang 'red'.

It was a fantastic show. They didnae have that much in the way of scenery and no every wean was brilliant of course – in fact the boy that played Joseph didnae have that great a voice, but they really put everythin intae it. Aboot haufway through the show came Anne Marie's solo bit, 'Any Dream Will Do'. It's really meant tae be Joseph's solo, but every time he sings a line, there's a wee kind of echo, repeatin his words and then daein 'ah-ah-ah' in harmony, and that was Anne Marie's part. The boy was in the centre while she stood ower tae the side, in a pink spotlight. And ah know she's ma daughter and ah'm biased but it was wonderful. No just her voice; there's a difference between bein able tae sing in the bath and staundin up in fronty folk tae dae a solo. She was that confident, givin it her hert and soul. Beautiful. Pure. As ah watched her ah felt ma eyes start tae prick wi tears. Her daddy should be here. She was his double; the way she looked, the way she stood there, minded me of when he used tae sing in the band when we were young. No they kind of songs of course, but the way he used tae gie it everythin he'd got, nae matter if there was five folk there or a hallful. Her daddy's girl. Natural, ah suppose, but ah wisht we'd had a boy too, mibbe he'd of been like me.

And at the back of ma mind ah kept thinkin what ah was gonnae say tae her. At first ah'd been that mad ah was gonnae tell her her daddy didnae care enough tae come and see her, but when it came tae the bit, ah knew ah couldnae. When the show was over and they all came fae behind the stage, laughin and excited, ah wanted tae hug her but ah thought she'd get embarrassed in fronty her pals.

'That was brilliant, hen, absolutely brilliant.'

'Was ah OK?'

'You were fantastic.'

The music teacher was beside us. 'Are you Anne Marie's mum?'

'Aye.'

'She's so talented. And she's worked so hard on her part.'

'Aye, she's been practisin in the house.'

'She's a real star.'

She turned tae speak tae someone else and Anne Marie said, 'Where's ma daddy?'

'He'd tae go aff early, hen – he'd tae go tae a meetin and nipped oot just afore the end. Said tae tell you it was brilliant and he'd see you later.'

*   *   *

Actually it was efter twelve when he got hame. Ah'd almost given up on him and was aboot tae go tae ma bed when ah heard his key in the door. When he came intae the livin room, his face was aw lit up.

'That was amazin, that was incredible. Ah wish yous'd been there.'

'Oh?'

'The lama . . . he done a ceremony and special prayers and . . . look.'

He held oot his haund. In his palm there was a piece of white ribbon tied in a knot and inside the knot was somethin else ah couldnae make oot.

'What is it?'

'Well, he blessed it and you've tae keep it in a sacred place, then every day take it oot and say these prayers, special wans, it's two hunner times a day, ah think – ah've got it wrote doon. And it's the way tae enlightenment.'

'And this, this tied in the ribbon, what is it?'

'It's a pea. He said if . . .'

'Haud on a minute, did you just say a pea?'

'Aye.'

'An ordinary pea?'

'Well, it's no ordinary, it's been blessed by . . .'

'Jimmy, have you completely flipped? You don't have time tae see your daughter appearin in the school concert – miss wanny the maist important days in her life . . .'

'Liz, it's . . .'

'. . . tae go and see this wonderful lama who's an enlightened being and is gonnae unlock all the secrets of the universe tae yous special people who sit on yer arses every night wi yer eyes closed while we unenlightened beins dae unimportant things like dae a washin or make a dinner or iron yer claes . . .'

'Liz . . .'

'Naw, Jimmy, hear me oot. Anyway, you come hame fae this wonderful session and you show me the secret of enlightenment. There it is in yer haund – a pea. A fuckin pea, for God's sake.'

'It's no that, it's symbolic, it's tae remind you . . .'

'Tae remind you of what, Jimmy? Yer duty tae yer faimly? The fact that the resty us have got lives as well as you. Know whit it reminds me of, Jimmy . . . your brain!'

'Ah don't know whit tae say.'

'There's nothin you could say that ah want tae hear.'

That night Jimmy slept in the spare room for the first time. Though if he was anythin like me he didnae sleep much. All night ah kept wakin, just on the edge of a dream that ah couldnae quite remember. There was crowds round me, everyone was taller than me, and ah felt as if ah was gonnae get crushed. Then ah'd lie awake for a while and doze aff again, and it would be the same dream, the same feelin of bein suffocated by all these bodies. Next mornin ah got up early but he was already in the kitchen, sittin havin a cuppa tea. He looked up at me, waitin for me tae start, ah suppose, but ah didnae feel angry any mair, just drained, weary tae ma bones.

'D'you want one?'

'Aye.'

When he got up tae put the kettle on ah sat doon at the table and lit a fag. Ah was smokin mair these days. When ah'd started again ah just had the odd wan wi a coffee or a drink, but this was quarter tae seven on a Saturday mornin.

Wasnae even enjoyin it. A sickish feelin in ma throat – made the tea taste sour.

'Ah'll need tae gie up for the New Year.'

'The millennium.'

'Aye.'

'Haveny thought aboot ma New Year's resolution yet.' He turned his empty mug round in his haund.

'You've no got much left tae gie up. Nae meat, nae drink, nae nookie.'

He looked at me.

'Liz, ah'm sorry.'

Ah sooked in the smoke. 'Jimmy, ah don't want tae talk aboot it the noo, OK. Ah cannae think straight. But please, don't let on tae Anne Marie you werenae there last night. Ah tellt her you'd seen her but had tae nip oot just afore the end tae go tae a meetin.'

'Thanks. Ah'll tell her she was brilliant.'

'She was brilliant. Really. You should of heard the applause efter her solo.'

'"Any Dream Will Do".'

'Aye. It was her song – ah mean the boy done the main part but it was all they wee harmonies that brung it tae life – she was fantastic.'

'Ah'm ur sorry ah wisnae there. Really.'

'Let's just leave it the noo, OK?'

'Aye.'

'There's that much tae be done – ah've never been this behind at Christmas. See this millennium stuff. All the things on the computer need tae be backed up at work and that's taken ages. Ah'll need tae back up all the files for the business too.'

'Is it no just a lot of hype, aw this stuff?'

'Probably. But if you wake up on New Year's Day and there's nae records of yer tax and yer bills and who owes you what . . .'

'Aye. Better safe than sorry.'

'In fact, since ah'm up early ah'll mibbe go and dae some the now.'

Ah sat in the spare room backin the files ontae floppy disks. It was that mechanical, ah could of done it in ma sleep. It probably was a lot of hype aboot the millennium, right enough, but it had tae be done. The whole thing was a lot of hype anyway, all these businesses lookin tae make money oot of folk daft enough tae pay ten times as much for a holiday than what it would usually cost. Just as well Jesus had rose fae the deid or he'd be birlin in his grave. But the New Year was special, always had been. Every year ma mammy'd redd oot the hoose and clean it fae top tae bottom afore the bells. That was another thing. Wi her no bein well ah'd need tae clean her hoose as well as ma ain. Ah felt exhausted just thinkin aboot it. Christmas shoppin, the Christmas dinner, then as soon as that was done, get organised for the New Year – thank God it was Tricia's turn tae have everyone round. Every year we took it in turns tae have the families round for the bells, and ah couldnae of faced that on tap of everythin else.

Ah stopped copyin the files, looked round the room. The bed that Jimmy'd slept in was unmade, the sheets wrinkled, quilt curled up in a ball. Ah'd need tae make it afore Anne Marie realised Jimmy hadnae slept in oor bed last night. But when ah lifted the quilt, insteidy sortin it, ah climbed in and cooried inside it, feelin ma body soften and relax in the warmth.

When ah woke up Anne Marie was at ma elbow.

'Ah thought you'd gone oot – couldnae work oot where you were. What were you sleepin in here for?'

'Ah was up early copyin they files on the computer and ah felt tired, so ah lay doon for a wee nap – what time is it?'

'Ten o'clock.'

'My God – better get a move on. Can you stick the kettle on, hen, while ah jump in the shower?'

'Aye, OK – want some toast?'

'Ah suppose so – have you had any breakfast?'

'Corn flakes.'

'Anne Marie, do you want tae come tae Braehead wi me and help me wi the Christmas shoppin?'

'When? It's just ah said ah'd see Nisha.'

'Look, hen, ah could really dae wi a haund the day. Why don't you phone her and see if she wants tae come too? Yous could go round some of the shops yoursels for a while, and we could have lunch.'

'OK.'

It was a miserable day, grey and dreich, but the mall was sparklin wi fairy lights and the place was mobbed. Santa's Grotto was surrounded by reindeers and elves and there was queues of wee wans waitin tae see him. Ma hert sank when ah seen the crowds but by four o'clock ah was sittin in the cafe at the shoppin mall, a guddle of parcels at ma feet. The girls'd went aff tae have a look in HMV. Ah was knackered but ah'd managed tae get nearly all the presents and some of the food shoppin as well. Ah'd only sat doon for a few minutes when they appeared, Anne Marie wavin a poly bag at me.

'Guess what ah got – look, mammy – a present for ma da.'

She opened the bag and haunded me a CD.

'Tibetan chants?'

'Ah was just flickin through the racks and came across it. Think he'll like it?'

'Well, ah havenae a clue what Tibetan chants are, but ah'm sure he'll like it.' Ah turned tae Nisha. 'How did you get on?'

'Ah got a CD for ma brother and a book token fae Waterstone's for ma sister.' Nisha sat doon at the table. 'Gurpreet's dead difficult – but he can change it if it's no whit he wants, and Kamaljit loves readin.'

What ages are they?'

'Gurpreet's twenty and Kamaljit's twenty-seven – she's doon in London noo, works as a lawyer. Ah'm the baby.' Nisha made a face, then turned tae Anne Marie. 'Hey, ah nearly forgot tae say – Gurpreet thinks you were brilliant last night.'

'Gurpreet?'

'Of course he didnae say brilliant – "Good voice, your pal, cool performance," was his exact words, which for him is the same as sayin brilliant. Oh and he must think ah'm the next Madonna cos he actually said, "No bad yoursel, Nisha."'

'Were all your family there last night, Nisha?'

'Mammy and Gurpreet and Auntie Nihal were there. Kamaljit doesnae come back till next week.'

'Ah'm sorry ah never met them.'

Ah felt ma face flush. Ah'd just rushed Anne Marie off hame last night wioot even speakin tae Nisha or noticin her faimly – ah'd need tae get a grip. Ah was gettin that caught up in what was gaun on between me and Jimmy that ah wasnae payin attention tae other folk. Nisha was Anne Marie's best pal noo. The two of them were inseparable.

And ah never even said hello tae her or her mammy last night. They'd think ah was dead rude. Ah hoped tae God they didnae think it was because they were Asian.

The girls went aff tae get a drink and ah sat there, lookin at the cover of the tape. White mountain peaks in a blue, blue sky. Chilled me tae the bone just lookin at them.

So far all ah'd got Jimmy was a polo shirt and some socks; a cop-out present, the kind of thing you'd buy yer brother-in-law, no somethin personal, that he'd really like. Ah didnae even know whit he wanted any mair. Whit could ah get him? A weekend break in Tibet? A perra boxers patterned wi lotus flooers? Or a snowstorm scene wi a Buddha insteidy Santa Claus?

In the end ah might as well no of bothered ma heid for all the interest Jimmy showed at Christmas. He and John are usually dead busy wi folk wantin their hooses decorated afore Christmas and the New Year and wi this millennium it was even worse than usual. So they were gonnae take a fortnight aff over Christmas and the New Year. Ah'd extra holidays tae take too and ah'd been hopin that mibbe if we spent a wee bit mair time thegether, things could get back tae normal. Efter all, it was the New Year – we could start over a bit.

On Christmas Eve Anne Marie and me went tae midnight mass thegether. The chapel's always lovely at Christmas wi the crib and the caundles and that new wee priest's a bit of a change fae auld Father O'Rourke and his tales of purgatory. He has a soft Irish accent and in his sermons he's always talkin aboot forgiveness and goodness – listenin tae him makes you feel better aboot yersel.

Usually when ah'm at mass ah just go through the motions.

Ah don't know whit ah believe – ah think there is a God and Jesus was a good man but that's aboot it. But ah've always felt it was better for Anne Marie tae be brought up wi somethin, no a vacuum. Ah wanted her tae have that security when she was wee.

Maist of the time ah don't actually feel that ah'm prayin or that there's anybody listenin tae me. But that night, sittin efter communion, when it was quiet and the priest was tidyin everythin away on the altar, as ah watched the figure of Jesus on the wall ah did pray; fae somewhere inside me came a feelin so strong that all the anger ah felt for Jimmy evaporated. Ah loved him, he loved me and it wasnae all his fault anyway. Ah'd been that tired and moany-faced recently ah'd never tried tae unnerstaund how things were for him.

Across the row fae us there was a wumman wi a tiny baby in her airms, all bundled up, asleep. Soft white fuzzy wool hat almost hidin its wee face. And the wumman that still, that caught up wi her bairn it was as though they were one. Ah felt as if a crack was openin up inside of me. If we could get wer act thegether ah could get pregnant again. Efter all, Tricia was expectin – why not me? Ah'd lost hert efter that last miscarriage but that was five year ago – surely there was sumpn they could dae noo. Ah shut ma eyes and prayed. There was nae words in ma heid just a big strong powerful feelin. A baby. Ah wanted a baby. And a baby would bring us back thegether.

When we got hame Jimmy was away tae his bed. He must of been exhausted efter all the extra hours he and John had been workin. Ah crept in beside him but ah don't think anythin would of wakened him, he was sleepin like a baby hissel, sound, his chest risin and fallin. Ah lay next tae him, listenin tae his breathin, thinkin about whit the priest had said. Gentleness. Bein kind, bein soft wi folk. Ah hadnae been very soft wi Jimmy. Ah needed tae talk tae him wioot gettin angry, try tae listen tae him, unnerstaund whit this wis all aboot.

Christmas Day was fine. Ah took Mammy tae mass in the mornin, brung her over for her dinner and Jimmy ran her back later on in the efternoon when she was gettin a bit tired. Tricia and John and the boys drapped in for a wee while too and it was as if everythin was back tae normal except that Jimmy didnae take a drink. Later on in the evenin efter they were away and Anne Marie was in her room listenin tae her new CD, ah sat doon on the settee next tae Jimmy.

'D'you fancy gaun somewhere the morra, just the two of us? How about the movies in the efternoon then oot for sumpn tae eat?'

'Aye, that sounds good. But whit time were you thinkin of?'

'Ah've got the paper here – look, *Titanic* starts at 3.00 – we could mibbe go for Chinese or a curry or that.'

'Why don't we go later? Ah said ah'd go and make a start on the Centre the morra.'

'The Centre? Ah thought you said it was closed over the holidays.'

'Aye it is, that's how ah can get on wi the decoratin – they're gaun away on retreat for the New Year but the Rinpoche'll gie me a key.'

'Ah thought yous were on holiday for the next two weeks.'

'We are. Thats's how ah've got time tae dae it.'

'So it's no a job.'

'Naw, just a favour.'

Ah stood up, walked tae the table and switched on the lamp. Ah was tryin tae keep masel fae just flyin aff the haundle, remember whit ah'd decided last night. Try tae be gentle. Try tae think of it fae Jimmy's point of view.

'Ah thought we'd be able tae spend some time thegether ower the holidays, Jimmy. It's no often the three of us are aff thegether like this.'

'We'll have time thegether. Ah'll no be at the Centre every day.'

Ah sat back doon beside him.

'Ah'd like us tae spend some time thegether too. Just you and me.'

'Aye, we will. We can go oot the morra night, it's just ah want tae make a start durin the day. The light's gone that early the now – it's better if you can get as much as possible done in the daylight.'

But we never did get oot that night. When ah was at ma mammy's in the efternoon she was a bit breathlesss and ah didnae like the look of her so ah called the doctor. It wisnae the young woman doctor she likes; it was a man ah'd never seen afore, probably a locum; he just done a quick check of her blood pressure and sounded her chest.

'Is she on medication just now?' He spoke tae me as if she wasnae there.

'Aye Doctor, these pills here.' Ah handed him the bottle and he looked at the label.

'Has she been on them long?'

'They changed her prescription last week, Doctor. She's had some tests and they want tae dae mair.'

'It's probably just a side effect. I don't think there's anything to worry about just now but I think you should phone the surgery and ask for an appointment for her to see her own doctor as soon as possible after the holidays.' He turned back tae Mammy, raisin his voice. 'Just rest from now on. Not too many parties at the New Year, now!'

'OK, Doctor.'

When he was oot the door ma mammy said, 'See ah tellt you there was nothin wrang. You shouldnae have called him oot.'

'Better safe than sorry. Now you heard what he said. You get intae your bed.'

'Ah'm no gaun tae ma bed the now or ah'll never sleep the night. Ah'll just lie doon on the settee here.'

'Well, make sure you do. Ah'll stay and make some dinner.'

'Thought yous were gaun oot for a meal the night.'

'We can go oot any night.'

'Ah'll be fine. Away you go.'

'Mammy, you heard whit the doctor said. You've tae rest. Anyway, you'll need tae get better for the New Year.'

'Aye, wouldnae want tae miss Tricia's party.'

Anne Marie burst in the door.

'Mammy, guess what? Gurpreet wants me and Nisha tae sing at his millennium karaoke night.'

'What's that?'

'His millennium karaoke night. It's in thon big hall down at George's Cross. He's sold loads a tickets already . . .'

'But what time is it on?'

'It's on the whole night. He's gonnae be daein his DJ stuff as well as folk gettin up tae sing wi the karaoke. But he wants us tae dae a wee slot just efter the bells – it'll be brilliant.'

'Anne Marie, we're all gaun tae yer Auntie Tricia's party at the New Year.'

'Ah know, Mammy, but ah really really really want tae dae this. Gurpreet thinks we'll go doon well wi the crowd. Please let us go.'

'Ah'll need tae talk tae yer daddy. Who'll be there? Ah mean yous cannae just go yersels at that time of night.'

'Nisha's sister's gonnae take us there in the motor. She's up for the holidays. Please, Ma, it'll be magic, singin in fronty all these folk.'

'Well ah'll talk tae yer daddy aboot it.'

'Thanks, Ma.'

But of course we let her go. Efter all she's growin up, ah always knew there'd come a time when she'd want tae dae her ain thing. Except ah didnae expect it tae be this soon.

And ah didnae expect Jimmy's next move either.

Anne Marie

'WHAT TIME IS it?'

'Nearly ten to.'

'Ma stomach's churnin.'

'Mines too.'

Nisha and me were staundin at the side of the stage. The hall was jam-packed, you could hardly move. We'd got here at nine o'clock and there was already queues ootside. And noo the placed was jumpin.

It was a really mixed crowd. Gurpreet would get a couple of folk up at a time tae sing, then DJ for twenty minutes and have another karaoke slot. He played all kinds of music; some aulder folk and a big group a lassies wi short glittery frocks and high heels danced tae seventies disco music, while the trendy wans were up the minute he started the house stuff. A big skinny guy at the front kept openin his mouth tae show aff his pierced tongue and another lassie wi blue hair had a dummy stuck in her mooth. Ah'd never seen anythin like it.

'My God, Gurpreet must be doing well.'

Nisha's sister was dead glamorous lookin wi loads a makeup and her nails painted gold and even though she'd only been away down south for a few year her voice was different fae Nisha's already – she sounded quite English.

'I imagined him playing in some scabby hall to a handful of geeky boys.'

'He's gettin really popular now,' says Nisha. 'A boy in fourth year came up to me last week and asked me if Gurpreet was ma brother. He thinks he's brilliant.'

'Who'd have thought it? Of course maybe the crowds are really for the Millennium Babes, huh?'

That's what we were cryin oorselves. We went oot yesterday tae get sumpn tae wear and Nisha'd spotted these wee tops wi 'Millennium Babe' printed across the front and glittery diamante stones set in the material. They had them in different colours so Nisha got a pink wan and ah got a blue. It was funny how it made a difference gettin dressed up; somehow it makes you feel as if you really are a singer. It was the same wi the school show; we'd been rehearsin and rehearsin, then suddenly when we put wer costumes on, it became real.

Gurpreet signalled tae us tae get up on the stage. He'd tellt us tae be ready tae go on as soon as all the kissin and jumpin around efter the bells had died doon a bit. He'd planned it all in advance.

'He really works the audience, doesn't he?' said Kamaljit.

From the side of the stage we could see Gurpreet close

up. Haudin his headphones tae his ear wi wan haund he stroked the record wi the other, movin it back and forward, swayin in time tae the beat. Then the headphones fell round his neck while he played the dials wi baith haunds, movin them round wan way and then another, manipulatin the sound so it rose and fell, pulsed and throbbed. He'd his eyes hauf-shut as though he was feelin what he was daein, as though his fingers were sensin how it should be, long thin fingers like Nisha's. And the crowd were gettin mair and mair carried away with it, you could feel the energy rise fae the dance flair.

Then he stoppped the music.

'Right everyone, get ready to count down with me, not just the New Year, but the new millennium . . . ten, nine, eight . . .' He wove in the sound of a radio station counting in the bells and the chimes of Big Ben boomed across the hall. Everyone went mental, kissin each other and jumpin up and doon. Kamaljit gied me a hug and a kiss. 'Good luck, babe!' she whispered in ma ear. Gurpreet waited for the noise tae subside a bit then he got back tae the mic.

'OK, everyone, there are some fireworks outside but that is nothing compared tae the fireworks you are gonnae experience in here in a moment . . . let's hear yer best welcome for the fabulous, the amazing, the incredible, Millennium Babes . . .'

And that was us. For wan split second when ah seen the crowd heavin in fronty us ah felt like heavin masel, a sick feelin lurched in ma stomach, then the first few notes of the song rang oot. Nisha said, 'You can dance,' and ah took a deep breath and we were away, launchin intae wer routine, beltin it oot, usin the mics the way we'd practised in front of a mirror over and over again.

And when we'd finished they went mental, they were clappin that much you'd of thought it was really Madonna up on the stage. Gurpreet muttered 'Go for it' while he footered wi switches and we launched intae 'Holiday'. We'd learned the routine aff the video, all the arm actions, and we danced oor way through that; it was easy, lighter, mair fun. Then wer finale, 'Like a Prayer', intense and over the tap.

Wanst we'd got aff the stage, Kamaljit came up and flung her airms round us. 'You were brilliant. Girls, you are stars.'

'They really seemed tae like us,' says Nisha, soundin surprised.

'They loved you, they really did. I was watching the audience when I could tear myself away from your performance and they just loved it.'

A guy came up tae us, an aulder guy wi straggly hair and a leather jaicket. 'Girls, do you have anyone managing you?'

'Managing us?'

'Yeah, I manage quite a few local bands and I'm always looking out for new talent.'

Kamaljit looked at him, and said, dead cool and dead posh, 'The girls are already represented.'

'All right. But, please, take my card anyway, in case you change your mind.'

He turned round and heided aff through the crowd.

'What did he mean?'

'He's a creep. Forget it. Let's go and dance.'

Kamaljit looked at his card, ripped it in pieces and drapped it on the flair.

Liz

SAME OLD STUFF. Pick up Mammy and take her round tae Tricia and John's. Glass a wine. Blether wi Tricia's sister. Help get the sausage rolls and quiche and sandwiches ready. Another glass a wine. Bit of dancin. Sometimes a karaoke if John's pal Brian is round. Then the bells. Auld Lang Syne. Kissin everybody.

Mibbe Jimmy was right efter all. Mibbe this wasnae the best way tae celebrate the New Year. Or mibbe it was just that since he and Anne Marie werenae here then it wasnae really like the New Year at all. Ah felt as if there was a bubble round me, ah was imprisoned in it, couldnae see through it properly; everythin was fuzzy and naebody could touch me.

'Ah thought Jimmy would of been here for the bells.'

Tricia opened the oven, pulled oot a tray of wee bacon rolls wi cheese inside and set them on the counter. 'Ah got some veggie filo parcels – will ah set some aside for him in case the carnivores eat them all?'

'Naw, Trish, ah don't think he's comin at all. Ah think he's spendin the night there.'

She stopped puttin the food ontae plates and looked at me. 'Whit is it wi him and this Buddhism stuff, Liz? Ah mean, the New Year is a tradition. Yous've never missed a New Year wi the faimly for as long as ah can remember.'

Ah was stopped fae havin tae answer her by John comin intae the kitchen. 'Is there another bottle of whisky in here, Trish?'

Ah went intae the bathroom and stood at the sink, haudin on tae the basin. Did she no remember the wan time ah did miss the New Year? Did she no remember what happened six year ago? Mibbe she just forgot it happened at the New Year. Everyone else seems tae have forgotten. Even ma mammy. Sittin there on the settee wi her wee whisky, ciggie in her haund, bletherin tae Rose, enjoyin gettin oot and intae company. She's forgotten. And Jimmy, wherever he is.

No somethin you talk aboot. No sumpn you put on the calendar. Anne Marie's birthday, Mammy's hospital appointment, New Year's party, miscarriage.

Ah splashed ma face wi cauld watter. Dark circles round ma eyes.

Tricia's bathroom is peach. Had it done last year. Pale peach tiles, a flowery border, creamy paint. The towels are orange. Everythin matchin. It smells orangey too, the air freshener she uses. There's a spray on tap of the toilet; mandarin, it's called.

Ah remember the hospital toilet; the flair, greeny grey

wi glittery specks through, stinkin of pine disinfectant. Sicky smell. And the blood; bright red blood, gushin on tae the flair when ah tried tae get washed, floodin through ma knickers and the super-absorbent sanitary towels. Haudin on tae the basin lookin intae the mirror and seein ma eyes, dark-ringed, lossin it.

When ah came oot the bathroom, they were all gathered round the windaes, watchin the snow, white powdery snowflakes birlin round the sky.

'A white New Year. Makes a change fae a white Christmas, eh?'

It was just startin tae lie, frostin the pavements and roads. A purple car nosed slowly up the road and double parked ootside the hoose. Anne Marie jumped oot, waved at us all and came tae the door.

'Happy New Year . . . ah'm ah yer first foot?'

'Naw, hen, Uncle Paul went oot efter the bells.'

She came up and kissed me. 'Happy New Year, Mammy.'

'Happy New Year, hen. D'you have a good time?'

'Aye, it was brilliant. Is ma da no here yet?'

'Naw, no yet. Was that Nisha and her sister?'

'Aye.'

'You should of asked them tae come in.'

'Ah did say, but they were wantin tae get hame – said her mammy would be worried if they were too late.'

'Aye, right enough, specially with this snow. Ah think ah should be gettin your granny hame soon too.'

'Ah don't know, Ma – she looks as if she's enjoyin hersel fine.'

Mammy was sittin on the settee wi a glass in her haund, holdin court.

'Still, if this weather gets any worse. Don't want her tae

slip if it's icy. Ah cannae drive her, ah had some wine. And ah don't suppose there's anybody else here sober enough either.'

'Why don't you wait tae ma daddy comes? He'll no have been drinkin.'

'Ah don't know, hen. Ah got the impression he'd be very very late, would probably stay over there until the morra.'

Jimmy

The millennium.

Everybuddy keeps askin whit ah'm daein fur the New Year.

Ah don't know whit tae say.

Every other New Year fur as long as ah can remember, ah've done the same thing. Oot wi the brother fur a few pints early on, back tae the hoose fur sumpn tae eat, then aboot ten o'clock folk start arrivin. Maisty the faimly come roond, plenty bevvy, everybuddy havin a good laugh. Last year we had the karaoke too and that's pure magic. Especially Anne Marie. That lassie's voice is unbelievable so it is, she can just belt it oot. Last year we done a duet on. 'You'll Never Walk Alone' Somethin else. We used tae go roond tae ma mammy's but since ma da's gone she's just no up fur the New Year any mair. 'Ah'll just away tae ma bed, son,' she says.

Liz couldnae unnerstaund why ah was daein this. 'It'll no be the same if you're no there.'

Ah didnae know whit tae say. How could ah tell her that ah just don't feel that way any mair, cannae be bothered wi the noise and the people, cannae haundle it? Anyhow ah don't drink noo and whoever heard of seein in the New Year wioot a drink in yer haund?

Ah tried tae talk tae the Rinpoche aboot it. Tellt him ah didnae know whit tae dae wi masel.

'In that case, do not do anything. Empty your mind.'

'How d'ye mean? Just stay in the hoose and watch the TV? Ah don't think ah could face that either.'

'TV is not mindless.'

'You obviously huvnae seen *Wheel of Fortune*.'

He laughs wanny his wee funny laughs, kinda high-pitched like a lassie's.

'The state of mindlessness you seek is a conscious mindlessness. Watching TV, drinking alcohol, these kinds of activities promote an unconscious mindlessness.'

'Well, the drink certainly promotes a loaty unconscious mindlessness – we cry it bein pissed oot yer heid.'

'Pardon?'

'Sorry, Rinpoche – whit were ye sayin?'

'New Year has an important symbolism in your culture. And this New Year is especially symbolic. So you need to approach it in the right way. Meditation can help you in that process.'

'So, d'you think ah should meditate for the millennium, is that it?'

The wee guy just smiles and it's like the sun comin oot.
'What do you think, Jimmy?'

Well it sounds dead simple, but try tellin embdy yer gonnae
spend New Year by yersel – it's like sayin you're plannin
tae spend Fair Fortnight in Barlinnie, just fur a wee change
fae Spain.

'Will ah come roond fur ye oan Saturday?'

John drains the last of his pint. Ah've been sittin wi an
empty gless fur the last twenty minutes. Ye don't exactly
rush tae get in anither orange juice.

'Thought ah'd just stay in oan Saturday.'

'So whit ur you gonnae dae then? Watch the Reverend
I.M. Jolly?'

'Ah don't know, ah just . . . well ah just don't feel like
a party.'

'Ye cannae stay in yersel. Fur God's sake, Jimmy it's the
New Year.'

'Ah know, but it's different this year.'

'Sure is different – it's the millennium – come oan! Look,
you and me'll go fur a few pints, we'll go back tae the
hoose just in time fur the bells, just show yer face fur hauf
an hour.'

'Ah cannae dae it, John. Ah cannae.'

Wanst the Rinpoche hud pit the idea of meditatin intae
ma heid, well, ah couldnae get it oot. Ah kept thinkin how
great it wid be jist tae sit by masel when everybuddy else
was oot gettin pissed, daein the conga roond the hoose an
kissin folk they've met five minutes ago. Just clear, no fuzzy
and mashed up inside ma heid. Ah'd been readin this book,
aboot enlightenment and how it could jist come tae ye, all of
a sudden, no huvin tae meditate fur years, just like a lightnin

flash, and ah thought, well, mibbe this could be it. It wis
the millennium. This could be ma best shot. After aw, it
wisnae gonnae hit me in the middle of the karaoke beltin
oot 'Agadoo', wis it?

So at ten o'clock when Liz and Anne Marie were away,
ah heided aff tae the Centre and started tae make ma
preparations. Ah set oot a photie of the Rinpoche beside
the statue of the Buddha in the meditation room and lit a
caundle in fronty them. Ah'd bought the caundle special –
a yella wan – thought yella wid be a good colour tae bring
in the New Year. Ah sorted the cushions intae a pile and
sat doon.

The Rinpoche hud tellt me he thought it wid be a good
idea tae prepare fur the meditation.

'How d'ye mean?'

'If you invite a friend round to your house you clean up,
don't you? You make sure he has somewhere to sit down?'

'Aye.' Still didnae get it.

'When you meditate you are inviting in the light. You
have to do a bit of clearing out your mind. Tidy up a bit.'

'Uh huh.'

'Clear a space for him.'

So here a wis, sittin wi ma eyes closed, and ah knew whit
the Rinpoche meant. Fur ma mind wis a complete and utter
midden – a right guddle a thoughts and feelins fleein aboot
aw ower the shop. And ah needed tae clear up the mess or
ah'd never be able tae even start a meditation. So ah sat and
thought fur a while, no tryin tae breathe or count or visualise
anythin, just watch whit wis gaun oan. And it wis haurd. Fur
ah had tae look at whit ah wis daein and ah didnae like whit
ah seen.

Liz. Liz and me. Things between us were just no right. We seemed tae be further and further apart. And ah didnae know whit tae dae. Ah knew she didnae unnerstaund whit was gaun on wi me, ah didnae unnerstaund it masel. She'd be happy if we just went back the way we were, if ah gied up the Buddhism. But ah know ah'm no gonnae, no the now, no afore ah've got masel sorted. That's the bottom line. Ah've got tae keep gaun, see where it's takin me, hopin that at the end of it, somehow it'll be better for us all.

So ah sat there, haudin that feelin, feelin a crack startin tae brek open, workin its way up the centre a ma body fae ma belly tae ma heid. And the pressure wis buildin up in ma heid like an eletric storm aboot tae flash through the sky. Ah pit ma haunds ower ma foreheid the pain wis gettin that bad, then all of a sudden it broke, ah felt ma eyes stingin. Ah wanted tae roar, make a noise, scream, but ah couldnae – how could ah? So ah sat there tae it passed and ah wis left drained.

Ah looked at the clock and it said ten tae twelve so ah got oot ma Walkman and switched it oan. Ah'd taped the CD Anne Marie gied me of the monks chantin – thought it'd be a good thing tae shut oot the noise of fireworks and folk singin an that. Ah lit ma caundle and sat, watchin the flame ficker in the daurk while the monks chanted Tibetan words in their singsong voices. And this incredible feelin of peace come ower me, soft like. So ah just sat.

Next morn when ah woke up the sun wis splittin a pure blue sky. Ah couldnae believe it. It must of been the first New Year since ah wis fourteen that ah hudnae woke up wi a heid wi wee hammers gaun aff in it. Everythin in the room looked brand new. The colours on the downie cover, a pattern a yella and orange flooers, wis like sumpn in a movie it wis that sharp. Ah lay there fur a minute, just lookin at it. Just lookin. So this wis whit it wis all aboot. Just lookin. Just everythin bein clear. The light comin in the windae. En-light-enment. Seein the light. Ah'd seen the light.

Ah got ooty ma sleepin bag and went intae the kitchen, made a cuppa tea. Slowly. Watchin the kettle bile, wee bubbles risin, steam shootin oot the spout. Watchin the broon colour seepin through the watter fae the teabag. Watchin the mulk spirallin intae the broon, makin it a lighter broon. Stirrin it wi the teaspoon. The teaspoon wi the broon stains oan it fae aw the cups a tea and aw the teabags it's known in its life. Ah stood there in the kitchen, by masel, laughin.

Efter ma tea, ah heided up tae the Botanics. It had snowed overnight, no right heavy snow, just powdery like icin sugar, but everythin wis covered wi this dustin a white. Perfect. In the middle of the path was a leaf, the pattern of the veins outlined in white and ah thought ah'd never seen anythin so beautiful.

The snow made it even mair quiet. There wis hardly embdy aboot, just a few folk heidin hame fae parties, lookin rough. There wis this auld guy oot walkin his dug, wanny they daft wee dugs that looks mair like a rat than anythin. He took wan look at me smilin at him and heided the other way. Ah walked through the park, just full of it; the meditatin, the light, the snaw. Aw the bad stuff wis gone. Everythin wis gonnae be all right. Ah'd go up tae the hoose, get Anne Marie and Liz and bring them oot here intae the snow.

Ah mind a couple of year ago it snowed dead heavy at Christmas and ah made a big snowman wi Anne Marie oot in the back court. It was late in the efternoon when the light was fadin and the sky turnin pink and blue. Magic. There wasnae enough tae make a snowman the day. Ah put ma haund doon tae touch it and it felt that soft for a moment then freezin against ma fingers.

Ah'd brung a bag a nuts fur the squirrels – found them in the kitchen of the Centre when ah was makin the tea. They're that tame they come right up tae ye. They'll sit oan yer haund and take the nuts wi their wee claws. Beautiful, so they are, wi their wee eyes and soft feathery tails flecked wi white.

So there am ur, daein ma St Francis a Maryhill act, convinced ah'm noo an enlightened bein. And a wee squirrel hops ower the path, runs up ma leg oantae ma airm and afore ah can say Rinpoche, the wee bastard looks me straight in the face, bites me in the finger and runs aff. The blood's pourin ooty me, ah feel as if ah've been savaged by a bloody wolf, no a fuckin squirrel. Ah cannae believe it. It wis the way he just looked at me, just looked, as if tae say, 'up yours, pal'.

Ah staund fur a minute, stunned, till it dawns oan me ah'd better dae sumpn aboot it. Ah'll need tae get a tetanus jag, won't ah? At haulf past seven on New Year's mornin? Christ. Ah'll need tae go tae the Western.

The Casualty Department is no *ER* and the wumman behind the counter is no Nurse Hathaway. No that ah blame her – it cannae be a lot ae laughs workin on New Year, and by the looks a maisty the folk waitin it's been a rough night. And noo she's got the joker in.

'Excuse me?'

'Can I have your name, please?' She has a card in fronty her and she's aboot tae stert fillin in ma details.

'Eh, ah wis just wantin a bitty advice?'

She looks up and peers at me through her specs.

'Look, ah don't know if ah really need help, it's just . . .'

'We're very busy here. If you don't need urgent treatment you should wait and see your doctor after the holiday.'

'Well, ah might need it, it's just ah'm no sure . . . ah had a kindy an accident.'

She pits doon her pen. 'What is the nature of the injury?'

'Ah goat bit by a squirrel.' Ah haud oot ma haund and let her see the bloody mess. 'Dae ah need a tetanus jag?'

She doesnae even crack a smile. 'If you haven't had one in the last ten years, yes, you do.'

'Dae ah need tae get it right away? Ah mean if yous are busy ah can come in and get it another time.'

'I don't think that's a good idea. I'll fill in the form and you'll be seen as soon as possible.'

Heidin up the road efterwards, ah wis desperate tae talk tae the Rinpoche aboot it, but of course ah couldnae, no then, fur he was away. Ah mean, how come ah'd had this amazin experience, aw that clarity, just like it says in the books, and then wan wee thing, a squirrel for fuck's sake, a squirrel bites me and it's gone, as if nothin had happened. Ah just couldnae see it. It makes nae sense.

Liz

WHEN THE PHONE rang on New Year's Day ah thought it would be Jimmy but it was a woman's voice, quite posh, wan ah didnae recognise.

'Hello, is that Liz?'

'Aye.'

'Barbara Mellis here. We spoke once before on the phone. I know Jimmy.'

'Oh, aye.'

'From the retreat. And he did some decorating for me.'

'Ah mind. Jimmy's no here the now. Can ah take a message?'

'Could you ask him to call me when he gets a chance. It's not urgent but I was hoping he could do another job for me. No rush.'

'Ah'll tell him.'

'How are you doing yourself, Liz? Did you have a nice New Year?'

'No bad. Quiet.'

'That's good. Oh well, nice to talk to you.'

'Right, bye.'

It was two o'clock afore he came back. Anne Marie was in her room and ah was sittin on the couch. He came in and walked round the back of me, kissin me on the cheek. 'Happy New Year.'

'Right.'

'Guess where ah've been,' he said, wavin his haund aboot. There was a big plaster on his thumb. Ah just looked at him.

'The Western. Ah got bit by a squirrel.'

'Well done.'

'Had tae get a tetanus jag.'

'If ah was you ah'd jack in that meditation – you'll have nae fingers left at this rate.'

'Eh?'

'Never mind. There was a phone call for you. Barbara. Wants you tae phone her back.'

'Oh aye. Is she wantin her back room done?'

'Ah don't know what she's wantin done, Jimmy.'

He sat doon on the chair opposite.

'Might depend on whit you've already done for her.'

He reached forward, held oot his haund. Thon plaster, taped on top of a piece of cotton wool, just looked that stupid and pathetic somehow.

'Come on, Liz, you don't think that dae you?'

'Think whit?'

'That there's sumpn gaun on between me and Barbara.'

'How no? First you spend hours gaun back and forth tae Edinburgh, then you decide yer celibate . . .'

'Well, ah'd hardly become celibate if ah was . . .'

'Shaggin somebody else? How no? Mibbe you couldnae manage the two of us at the wan time.'

'Liz, don't be daft . . . ah've no even seen her since . . . October.'

'Just aboot the same time you tellt me you wanted tae be celibate.'

'So?'

'So mibbe you had tae become celibate.'

'Liz, what are you on aboot?'

'Ah'm no daft, Jimmy. Suppose you did have a wee fling wi this Barbara and she left you wi sumpn you didnae bank on? Suppose you couldnae sleep wi me in case you gied it tae me?'

Ah don't know how it came oot. Ah'd no even thought of it afore, in fact ah don't think ah really believed that Jimmy actually had been sleepin wi this Barbara, it was wan mair thing tae fling at him. Then suddenly the words were oot ma mooth.

Jimmy sat in the chair, lookin at me. 'Liz, ah cannae believe you're sayin this. It's . . . ah don't feel as if it's you speakin. Ah don't feel as if ah know you.'

'Join the club.'

He slept in the spare room that night, then the next day he packed a few things in a holdall and went tae stay at the Centre. We never actually talked aboot him gaun. Ah don't think either of us thought it was gonnae last. To be honest ah don't think ah thought anythin at all, just felt relief that he wasnae there any mair, that there was wan less thing ah had tae think aboot. That sounds daft, we'd been merriet for over thirteen year; even though ah was mad at him and things had no exactly been hunky dory between us, you'd think that efter he was gone ah'd of missed him, at least missed him bein around. But all ah felt was relief. Even though he hadnae taken any of his stuff away at first, it was as if the hoose was bigger wioot him, as if ah could breathe easier, had mair air.

Anne Marie seemed neither up nor doon aboot her daddy bein away. That was all that'd really worried me, how she'd take it, and wanst a coupla weeks had went by and she was fine then ah relaxed. Ah mean he was round nearly every night, tae see her, even had his tea wi us, so it wasnae as if she was really missin him. Anne Marie was growin up, startin tae spend mair time in her ain room or talkin tae Nisha on the phone. So ah reckoned it couldnae be that bad. And ah never really thought it was gonnae last, just assumed that wan day he'd come back and things would get back tae normal.

The hard part was tellin other folk, though there wasnae much tellin needed. As soon as wan person knew it went round like wildfire. At first folk kept phonin me and askin if ah wanted tae go oot or for them tae come round and all that but to be honest ah just couldnae be bothered. Ah didnae want tae talk aboot it tae any of them, didnae know what tae say anyway. Ah felt as if it was between me and Jimmy and though ah could of murdered him sometimes ah also felt a kind of loyalty as well. It was too private tae sit round and talk about over a cup a coffee.

Ah mind when Nikki split up fae Matt, she tellt everybody who'd listen tae her every detail; he'd slept wi some wumman fae his work and she found out cos there was red pubic hair in their bed and they're baith dark. Ah know she needed tae let aff steam but ah don't think she should of done it. And it was dead embarrassin; he works in the bank and every time ah seen him there ah couldnae help thinkin aboot it. But at least they didnae have any weans. Ah didnae want Anne Marie tae get caught up in all that stuff; it's no fair on her, she's his daughter too. So ah just kept masel tae masel.

And ah realised, aboot two weeks efter Jimmy had left, that ah was actually quite enjoyin it. Sounds daft, ah know, but somehow ah felt mair free wioot him.

Anne Marie

HAUF-SEVEN. THE alarm had went aff ten minutes ago and
ah was still in bed.

A knock on the door. 'Anne Marie. You up yet?

'Comin.'

First day back efter the holidays. And the first day since ah
started the secondary that ah've no been lookin forward tae
goin. Course ah'd never say that. You have tae moan aboot
hamework and teachers and whit a drag it is and how you
hate it, but really ah don't. Ah've always liked school and
bein at secondary's mair interestin. You're no stuck in wan
place all day, get different teachers. Some are better than
others of course but at least you're only wi them for fifty
minutes at a time.

But everybody talks as if it was a prison camp. If ah said

ah liked school ah'd get called a swot. Well, mibbe no Music
– that's different. Everybody knows ah love singin and that's
kind of OK. But Geography – oh God, what a drag, d'uh.
But it's no. Ah love Geography. Love lookin at maps. Just
knowin there's all these other countries in the world. And
all the stuff aboot climate and weather we've been daein
this year, the feelin that it's all that much bigger than us
somehow, really gets tae me. Ah'd rather sit and colour
in maps or read aboot tornadoes than watch some crappy
soap. But then you go intae school and Charlene's gaun on
aboot *EastEnders* and the only time she mentions hamework
is when she wants tae borrow mines tae copy it.

But it's no the teachers or the work that's botherin me
this mornin. It's facin ma pals. First day back. And what did
you dae in the holidays? Did you have a nice time? What did
you get for Christmas? Did yous have a party for the New
Year? The millennium?

Oh aye, it was great. Ah got new claes and CDs and
Nisha and me done a gig at the millennium karaoke night
and ma Auntie Tricia had a party and it was all brilliant
and . . . oh yeah, ma da left hame, by the way. Aye, stayin
round the Buddhist Centre noo. But did you see *EastEnders*
last night?

Nisha already knew. Ah tellt her last week efter it happened,
efter ma ma and da sat me doon and gied me the wee talk.
Sometimes these things happen. Of course we baith still love
you just as much. We'll still be there for you. And this isnae
forever – we just need a bit of space tae sort things oot.

Things.

'Ah'm just gaun roond tae Nisha's the now. OK?'

'OK, hen.'

Ah nearly didnae go, walked round and round gaun ower whit ah was gonnae say tae her. There we were, best pals, daein everythin thegether but somehow ah didnae know how tae say it. Ah mean, how come it was such a big deal? Nearly everybody ah knew had parents that were separated or divorced or had never been merriet in the first place. That's an exaggeration. Ma Auntie Tricia and Uncle John were thegether. But Charlene's da lives on the South Side wi his girlfriend and her two weans and her ma's got a boyfriend as well though he doesnae stay wi them. And Charlene goes ower tae her da on the weekends. There's loads of others in oor class the same. Ah'm no different fae them.

Suppose that's the problem. Ah thought ah was different, that we were different. Ma mammy and daddy always seemed that happy thegether, the three of us were. Till recently. Since ma da took up wi the lamas. And that was another thing. Tellin folk Ma and Da were separated was wan thing, but ma da was livin in the Buddhist Centre. How weird was that?

At least Nisha didnae think it was weird. No that weird anyway.

'In a way it's a good thing. Ah don't mean it's good he's gone, no ah didnae mean that, but . . .'

'How do you mean then?'

We were sittin on her bed. Across fae me was the desk wi her computer on it. The screensaver was wee cats followin a ball across the screen. They jumped efter it till it seemed tae bounce right out of the top right hand corner then they started at the bottom again.

'Ah don't want you tae take this the wrong way. Ah mean it's terrible that your mum and da have separated but at least, well it's not like going off with someone else.'

'Suppose not.'

'You don't sound convinced.'

'It's just, ah cannae bear the thought of everybody laughin at ma daddy.'

'They won't.'

'They will. And it's like . . . well, everybody always likes ma da.'

Nisha nodded. 'He's really nice. And funny.'

'Ah know, that's just it. When ah was at primary everybody always said how lucky ah was, your da's·such a laugh, he was always jokin, playin daft tricks. And when ma pals came round tae the hoose he'd always come and play monopoly or cards or he'd come oot and play football wi us . . . and noo. He's gone aff wi wee guys wi robes and shaved heids.'

Ah hadnae realised till ah told Nisha just how bad ah must of been feelin but all of a sudden tears came intae ma eyes and startin tae run doon ma face. Ah sniffed and put ma haund in ma pocket tae get a hanky. Then Nisha put her airm round ma shoulder. She never said a word, just put her airm round ma shoulder. And we sat like that for ages.

'Buddhism.' Mr Henderson wrote the word on the board. 'Note the spelling carefuly. Two d's and a silent h.'

Ah kept ma heid doon, copyin the word carefully intae ma jotter. Typical. Noo we're startin Buddhism. Well that's gonnae come in handy. Ah'll be able tae discuss it wi ma da. Except he'll no be around.

'Buddha means enlightened one. And the main difference between Buddhism and the other religions we've been studying so far is that in Buddhism there is no god.'

'Ah didnae know you could have a religion wioot a god, sir.' Peter McCrone always asked questions. As soon as a teacher said anythin he just opened his mooth and oot it came. Sometimes his questions were quite sensible but he was dead annoyin. A lot of teachers just tellt him tae shut up but Mr Henderson wasnae like that. And Peter wasnae tryin tae be funny, he really wanted tae know.

'Most religions do have a god, or gods, but Buddhism doesn't.'

'Ah thought that was whit religion was – worshippin sumpn.'

Mr Henderson smiled. 'If that was the case then supporting Celtic or Rangers or even,' he turnt tae big Davie McCormack, 'Partick Thistle would be a religion.'

'Haw sur, that's no funny slaggin him aff for bein a Partick Thistle supporter,' Angela Hughes piped up fae the back. 'His da brung him up tae it.'

Everybody burst oot laughin. Mr Henderson laughed too. 'That would definitely make it a religion then. I hope you didn't think I was laughing at David for supporting Partick Thistle. I only know because I see him there on the terraces every week.'

'Are you sayin you're a Jags fan?' Kevin Anderson looked up fae drawin RFC on the inside cover of his jotter.

'I am indeed,' said Mr Henderson. Kevin went back tae his drawin.

'OK, everyone, settle down. We're getting a bit away from the point here. It is interesting though, to consider what we mean by a religion in the first place. Some people would say that Buddhism is not, in fact, a religion, as there's no god to be worshipped.'

'So how come we're studyin it in RE then?'

'If you let me go on with the lesson, I hope that by the end of this section it will become clear.'

And for the next hauf hour Mr Henderson went on aboot the life of the Buddha and gied us worksheets wi pictures of lotus flooers on them, but there was nothin in the lesson that helped me tae unnerstaund why ma daddy'd left hame.

And at breaktime when ah seen Charlene and Roseanne ah never even had tae tell them for they knew already. Bad news travels fast.

But it wasnae as bad as ah'd thought it would be. Naebody was that interested really. And efter a few weeks it was as if nothin had really changed. Da came round tae the hoose maist nights for his tea then went aff tae the Centre efterwards. Some nights he'd stay and we'd watch a video or play cards just like we used tae. And the funny thing was that Mammy seemed happier, mair relaxed. Her and me done mair things thegether too, went intae toon thegether or oot for wer tea.

In fact the only person that seemed all that bothered aboot them splittin up was ma granny. Every time ah went round there on ma ain she'd say, 'Seen much of yer daddy this week, hen?' and when ah said aye, ah'd seen him yesterday or ah was seein him later, she'd shake her heid and say, 'Changed times, changed times.'

A few weeks efter ma da had left hame he asked me if ah wanted tae come and visit the Buddhist Centre wi him.

'You could just come up for a cuppa tea. See the place.'

Somebody'd put a sticker wi a lotus flooer on it next tae the door buzzer outside the close. A dead ordinary close wi a Chinese restaurant on the ground flair.

'Handy for a wee cairry-oot,' says ma da.

The Centre was on the second flair and the door was

painted bright yella. Da opened it and we went intae the hall, which was long and narrow and quite dark even though it was painted white. On the wall opposite the door was a big poster of the Buddha wi his haund raised in a kind of blessing.

Ma da led us intae a wee recess where there was hooks for hangin yer jaicket and a rack for shoes, like the kind they have in PE. He unlaced his Docs and put them on it. It's funny, he never wears anythin but Docs – he's even got a perra green wans for good. Everybody else's da wears trainers when they're gaun ooot but no him. He hates trainers. It's like he's in a time warp since he was a punk rocker.

He looked at me. 'You'll need tae take yer shoes aff, hen. You're no allowed tae wear them in here.'

Ah put them on the rack beside his and followed him alang the corridor tae a kitchenette. On wan wall was a sink and a worksurface just big enough for a microwave and a kettle, and shoved intae the corner was a table wi two stools under it. Everythin was clean but a bit shabby and when ma da opened the cupboard under the worksurface ah saw a jumble of mugs and plates, all different patterns.

He put on the kettle and laid two mugs on the table, wan wi a border of pink flowers and wan striped red and black wi a picture of Dennis the Menace on it. He put a teabag in the flowery wan and turned tae me. 'We can share the teabag.'

He went oot intae the lobby again and came back wi a carton of milk. 'Fridge is just round the corner there. No enough room in here.'

'Aye, it's tiny. How d'yous manage tae cook?'

'There's no much cookin done here. Just cups a tea. Ah

sometimes heat stuff up in the microwave if ah'm no havin ma dinner wi yous.'

'But what dae the lamas dae? Ah know they're supposed tae be enlightened beins but ah didnae think they could live on air.'

Da poured the bilin watter ower the teabag and pressed ontae it wi a spoon. 'They don't stay here. It's only the heid Rinpoche stays here. The others live in a hoose aboot ten minutes' walk away. They all have their meals there and he goes ower at meal times tae join them.'

'So it's just you and him here then?'

'Maist of the time it's dead busy. The lamas come here tae pray and run meditation classes. And there's loads a folk in and oot, meditatin or just hingin aboot. It's only late at night when there's just me and him, and a lot of the time he's in his room.'

He'd finished makin the tea and held oot a packet of digestive biscuits.

'Thanks, Da.'

'When you finish yer tea, ah'll show you the prayer room.'

It was just a big empty space. At wan end of the room was a platform aboot a foot high and on it was a huge statue of the Buddha, some wee nightlights and an incense burner in front of him. The walls were painted white and the floorboards were polished. Compared tae the chapel it was dead bare. Ah didnae know whit tae dae. Were you supposed tae bless yersel? Ah looked round the room, tryin tae make some sense of whit ma daddy seen in all this, what had got tae him the first time he came here, but nothin happened. Ah didnae get it.

Ma da pointed tae a pile of cushions and foam blocks in a

corner. 'They're for sittin on when you're meditatin. The lamas don't need them but most folk in the West cannae sit cross-legged for long withoot some support.'

'Right.'

'Ah'm gonnae dae a mural in here. When ah've been lyin in here at nights ah keep thinkin that this wall looks dead bare and it would be nice tae have a bit of colour. Thought ah could copy sumpn oot, know, square it up and paint it. Take a while right enough, but it'd look great. The Rinpoche liked the idea.'

'Da, did you say you're sleepin in here?'

'Aye. Just throw ma sleepin bag in this corner. At first ah tried sleepin in the teachin room but ah kept havin tae move chairs tae make a space so ah asked the Rinpoche if he'd mind me sleepin in here. It's great, seems tae soak up the atmosphere fae all the meditatin.'

'Ah didnae realise.' Ah'd always assumed ma da had a room at the centre, but here he was, next door tae a dosser.

We went intae the lobby again. 'The lama's room is that wan at the far end and the bathroom's next tae it. And this wan gets used for just aboot everythin else – talks, yoga classes, social nights.'

He pushed open the door and we went intae a big room wi grey plastic chairs laid oot in a circle. Another pile of chairs were stacked against the wall. At the windae there was a desk wi a wee statue of the Buddha on it and all round the room there were posters, some of the Buddha, wan wi complicated round patterns on it.

'A mandala.'

'That's right. How did you know that?'

'Done it at school. We're studyin Buddhism in RE this term.'

'That's amazin, hen. Imagine you studyin that just at the same time as me. Must be karma.'

'Whit's karma?'

'Ah think it's like – when you dae sumpn and then sumpn else happens – it's meant tae be. Ma granny used tae say, "Whit's fur you'll no go by you." It's a bit like that.'

'Ah thought we were supposed tae have free will though?'

'Aye, we dae.'

'So if we're free how can things be meant tae be?'

'Ah'm no really sure.'

'But ah thought you were a Buddhist, you believed in it.'

'Ach, it's no like that. Ah mean, ah'm ur learnin aboot it right enough, but hauf the time ah don't . . . well, it's just words, that's all.'

'How d'you mean?'

'Ah just mean that that's no whit's important tae me. It's no all the words and the ideas behind it, it's the process. It's the meditatin, it's the atmosphere, it's the lamas, know whit ah mean?'

Ah looked past ma da at the room wi its scabby plastic chairs and posters stuck up wi Blu-tack.

'Naw, Da, cannae say that ah dae.'

Jimmy

AH SHUT THE door efter Anne Marie and went back intae the meditation room. Ah watched her fae the windae, crossin the road, heidin towards the bus stop. Ah was hopin she'd turn round, look up and wave, but she never; kept gaun, hood up, heid doon against the rain.

Didnae know whit tae dae wi masel efter she'd gone. Felt flat. Ah'd been that lookin forward tae her comin round, wanted her tae see the Centre, mibbe understaund things a bit better, specially when she said she was studyin Buddhism at school. But she never seemed that interested.

It was dead quiet. It's no usually this quiet on a Saturday efternoon; folk usually drop in tae meditate or look through the books and sometimes there's classes on, or talks. But the day all the lamas are away at some special prayer ceremony somewhere in the countryside and it's deid here.

Ah wandered through tae the kitchen and put the kettle on again. Didnae really want another cuppa tea but what else was there tae dae? There was nae telly, naebdy tae talk to. Ah had ma Walkman but there wasnae even a comfortable seat tae flop doon on, only ma sleepin bag in the meditation room and somehow ah didnae want tae be there the noo.

Ah took ma tea through tae the other room and sat doon at the table opposite the mandala on the wall. Circles inside circles inside circles. Round and round. Symbolic. Ah sipped ma tea but it felt sour. The milk wasnae aff or that; it was as if there was sumpn in ma mouth that made it taste bitter. Ah put the mug doon on the table and went tae the windae. Dreich. Ah watched the grey sweep of clouds movin quite fast fae the west, just a wee gap of light far away in the distance.

Ah wished ah hadnae let Anne Marie go hame like that. Said she was gonnae see Nisha. Mibbe ah could phone her, see if she wanted tae go tae the pictures or sumpn, mibbe ah could take the pair of them. Or go round and see our John, watch the footie on the TV. But Tricia'd be there and ah don't think ah'm her number one person at the moment. Anyway, that's just an escape.

This was whit the lamas were always tellin you tae face up tae. Probably this is the ideal time tae go and meditate, when you're bored, scunnered. Look at whit's gaun on inside, insteidy tryin tae escape by daein things. But the last thing ah wanted tae dae was meditate.

Ah went tae the bookshelf and got oot a book wi lots a illustrations, flicked through it. Ah was gonnae copy wan for the mural, but ah'd no completely decided which.

The mandalas were dead complicated patterns but the geometrical shapes were easy and ah thought ah might of been able tae make a kind of simplified version of wan. But the picture ah really wanted tae draw was of the Buddha, and that would be a lot mair difficult. Ah sat for a while, lookin at it, tryin tae imagine whit it would be like enlarged and spread across the wall, but ah couldnae. Mibbe it was daft of me tae even think aboot tryin, efter all ah'm no artist. Ah'm a painter and decorator and was good at technical drawin when ah was at school, that's all.

There's a shop alang the road that sells art materials and ah'd already bought squared tracin paper, a couple of good pencils and a rubber. Ah took them oot the wrappin and set the tracin paper carefully ower the illustration of the Buddha. Wanst ah started tae move the pencil alang the lines of the drawin, ah felt OK again. Ah looked oot the windae. Behind the grey clouds scuddin across, the sun was a perfect sphere in the sky.

It was late when the Rinpoche got back but ah was still workin on the drawin. Ah'd managed tae trace the whole thing oot and had hauf-finished squarin it up tae double the size.

'Nice work, Jimmy. Is this the size it will be on the wall?'

'Naw, ah want it tae be a lot bigger, just it's easier tae dae it gradually.'

Ah'd meant tae dae some work on it every day, but the next week a lama was comin tae vist the Centre and we spent loads a time gettin the place sorted for him. It was dead tidy anyway but everythin got hoovered and dusted and cleaned till it was shinin and the lamas went round burnin herbs and sprinklin incense tae purify it.

He was stayin in the lamas' hoose on the Saturday night, comin tae dae a ceremony at the Centre on the Sunday, then he was away again, catchin a plane tae Paris that night. Apparently he ran a big Centre in France and was dead famous.

Ah couldnae quite get ma heid round all this stuff yet. When ah'd went tae see the Lama Thonden afore Christmas ah'd thought he was kinda unique, gaun round daein his special ceremony, but actually there seemed tae be this network of monks and lamas, all over the world, travellin around like pop stars. Ah know that sounds daft but then he actually was like a pop star, followed by this big train of folk. Some of them spoke French and a guy wi shades and a leather jaicket was on his mobile hauf the time. The lama was dead wee and they all had tae bend ower when they spoke tae him, as if they were bowin.

The Centre was mobbed; all the regulars were there but there was loadsa folk ah'd never seen afore; people were comin fae all over cause it was the lama's only visit in Scotland. Ah'd got in early and sat doon the front but when ah turned roond ah noticed Barbara at the back. Ah waved and she smiled back.

Tae be honest, ah was a bit disappointed in the lama's vist. He sat on the platform wi the Rinpoche and a couple a folk fae his ain team, and smiled at us, then he done these Tibetan prayers in a high-pitched singsong voice, swayin fae side tae side. The room was dead warm wi all the folk in it and ah found ma eyes shuttin, began tae drift aff tae sleep, jerkin back intae consciousness every time he came tae the end of a sequence. Efter the prayers he spoke tae us for a while, but he was talkin in French and the guy wi the mobile done the translatin. Somehow it wisnae the same. He was talkin aboot how we're all enlightened really but hauf the time we don't realise we are. Accordin tae him all we have tae dae is wake up and realise it. And that sounded plain daft tae me. What was the point of daein all that meditatin and all that if you're really enlightened all the time? When he'd finished we all had tae file past him and he hit us on the shouder wi a kind of stick thing. There was an incense burner close tae me and ah could feel ma eyes sting and the back of ma throat catch. All the while ah was staundin in the line waitin for his blessin ah kept tryin tae psyche masel up for it, fill ma mind wi this realisation that ah was enlightened. Ah shut ma eyes tight, breathed deeply and tried tae convince masel that this would be it. Next thing ah found masel in fronty him; he muttered a few words ower me, ah felt a thump on ma shouders then somebody took ma airm and moved me on. Afore ah knew it it was ower and ah was oot in the hall.

Later, efter the lama had been taken intae the Rinpoche's room, the hoi polloi gathered round the meditation room havin a cuppa tea. Barbara came up and gied me a hug. Ah could feel her breasts nudgin against ma chest and it made me feel dead uncomfortable. Ah knew ah didnae fancy her but it had been that lang since ah touched a wumman, and ah kept rememberin whit Liz had said. Ah felt masel gaun red and ah bit ma lip.

'Good to see you,' she says. 'How are you?'

'No bad. How's yersel?'

'I've been going through a bit of a dull patch – I think January's like that sometimes – but today really set me up.' She sipped her tea, noddin intae the distance, hauf smilin.

'Oh, aye.'

'How did you find it?' She looked at me directly. Ah found it hard tae hold her gaze.

'Dunno, really, ah just . . . ach, didnae really get it.'

'You mean the teachings or the ceremony?'

'Ah don't know.' Ah was beginnin tae get pissed aff noo, could she no see ah wasnae really up for talkin aboot it?

She touched ma airm. 'You don't want to talk. It's OK.'

That made me even mair pissed aff.

'So how are things? How's Liz?'

'Liz and me have split up.'

'Jimmy, I'm so sorry.'

Ah shrugged. 'Wanny these things, in't it?'

'I know. But still.'

We stood for a minute, no sayin anythin, then she touched ma airm. 'Would it help to talk about it?'

Ah shook ma heid.

'Well, if you do want to, just give me a call, will you?'

When ah got tae the hoose Anne Marie was in the livin room.

'Is yer mammy away already?'

'You just missed her. She was gaun round for Nikki first.' Anne Marie took a video oot of its case and waved it in fronty me. 'Right, Da, ah went tae the video shop and got just the thing for you.'

Ah looked at the title. Usually she gets sumpn wi Leslie Nielsen in it for me.

'*Kundun*?'

'It's the story of the Dalai Lama – Mr Henderson said it was good.'

'Great, hen. Where's the popcorn?' Ah was dead chuffed

she'd thought of gettin it, and any other day ah'd of wanted tae see it. But somehow, efter that ceremony and talkin tae Barbara, the last thing ah wanted was tae sit sit through a film aboot Buddhism.

Ah flopped doon on the couch. Anne Marie got the video oot its case, put it intae the machine.

'But just in case it's crap, Da, ah got this as well – *Naked Gun 33 1/3*.' She started fast forwardin through the trailers.

Liz

'LIZ, YOU LOOK fantastic.'

'Thanks.'

'And come inside. You'll freeze staundin on that door-step.'

Ah stepped intae the hall. Nikki reached oot and touched ma earring.

'Love these. Ah've never seen you lookin like this.'

'Well you really only see me in ma work claes. And ah don't see this wee number gaun doon too well wi auld Mr Anderson, dae you?'

'Ah don't know – you might get a rise.'

'That'll be the day.'

We went in the livin room and Nikki sat doon on the couch.

'What dae you want tae drink?'

'Gin and tonic if you've got it.'

Ah sat doon on the settee while Nikki poured out the drinks. It was the first time ah'd been in her flat and ah was surprised how girly lookin it was. Somehow ah hadnae expected her tae go for flowery wallpaper and embroidered cushion covers.

She held oot a pack of Benson and Hedges.

'Ciggie?'

Ah hesitated for a moment; ah'd been keepin aff them since the New Year. But what the hell, ah was out on ma ain for the first time.

'Ta' Ah sooked in the smoke. 'So tell us all about this party then?'

'What's to tell? It's ma brother's pal. Ah don't really know much aboot him. Ah think Derek just felt sorry for me cos ah'd broke up wi Matt.'

'Are we meetin them first or are we gaun straight tae the party?'

'Up tae you. They're meetin in Jinty's but ah don't fancy it. Thought we'd mibbe go tae the Cul de Sac and then on. What d'you think?'

'Ah don't mind. It's that long since ah've been oot for a drink – we usually go for a meal wi Trish and John or Angie and Paul.'

'Time tae let yer hair down, girl.'

'You're right. Ah'm really lookin forward tae the night.'

'Cheers.'

'Here's tae . . .'

'Girl power.'

He wasnae even ma type. Wee, skinny, dark-haired. Ah

don't know how but we ended up sittin thegether on the settee, just talkin. We'd done the usual stuff aboot who dae you know and what d'you dae and ah ended up tellin him aboot Jimmy and Anne Marie.

'God, you must of had her when you were aboot ten.'

'Hardly.'

'Ah cannae believe you've got a twelve-year-old daughter.'

'Well ah have. What is it you dae?'

'Student. Ah'm daein a PhD.'

'Well, if you don't mind me sayin you look a wee bit auld tae be a student.'

'Ah'm twenty-six . . . and ah intend tae keep bein a student as long as ah possibly can.'

'Oh, aye, use the taxpayer's money. Us wage-slaves sloggin away all week to keep yous in drugs and drink.'

'That's it. Ah'm a wage slave too, though. Work in Iceland part time.'

'Must cost you a fortune in bus fares.'

'Ah get a lift wi the reindeer.'

'D'you enjoy it?'

'Workin in Iceland? You kiddin?'

'Naw . . . the studyin?'

'Sometimes. Sometimes ah get dead caught up in it, then other times ah've nae idea why ah'm daein it. Just seems daft.'

'Maist things are daft when you think aboot them.'

'You ever thought aboot daein a Philosophy degree?'

He shifted a bit closer tae me tae let somebody else sit doon and ah caught the scent of his aftershave. Sweet, like vanilla.

'Whit aboot you, Liz? D'you enjoy your job?'

'Aye, suppose ah dae. Ah've been there a while and a

lot of it's routine, but, ach, it's the daft stuff really. Like when ah come in in the mornin and ah see ma desk all tidy, or havin a list of things tae dae and tickin them aff. And answerin the phone. It's almost like bein an actress, like it's no really me that does the job – ah play the part of an efficient organised secretary. Ah don't even talk like masel when ah'm at work.'

'Good morning, Miss Bools in the mooth speaking, how may I help you?' He put on a funny high-pitched voice, then stopped. 'Sorry, ah never meant tae . . .'

'It's OK.'

'Naw, you were makin a serious point. It's a bad habit, makin everythin a joke . . . anyway, you were sayin aboot playin a role at work. Sounds as if you like that, but.'

'Aye. It's easy. When ah'm at hame it's like there's a constant battle tae keep haudin things thegether. There's Jimmy and Anne Marie and all the stuff in the hoose, and my mammy's no well so ah'm gaun roond tae see her every night. It's nice tae be somewhere ah know whit ah'm daein and there's only so many things tae keep track of.'

'You don't mind, like, no bein yourself at work then? Ah think that's what ah hate aboot workin in Iceland; ah wear a uniform and at the checkoot it's like naebdy even sees me, they're in that much of a hurry. Yer granny wouldnae recognise you. It doesnae matter that much cos ah'm only part-time but ah'd hate to be daein that all day, every day.'

'Ah don't think ah've ever thought aboot it like that. Bein masel. There's lots of different ways a bein yersel . . . ah'm wan thing at work and another at hame, or daein the messages or whatever.'

'You are a philosopher, ah'm tellin you.'

Just then his phone rang. 'S'cuse me, ah cannae hear a thing in here,' he said, walkin oot the room.

The next week ah bumped intae him doon Byres Road in ma lunch break. Hardly recognised him – he was wearin wanny they funny hats all the young guys seem tae be wearin the noo, pulled doon roond his ears.

'Hi – what you up tae?'

'Ah'm on ma lunch break – ah was just at the bank.'

'Time for a coffee?'

Ah looked at ma watch. 'Aye, a quick wan.'

We went tae a wee place roond the corner fae the office. He sat doon opposite me and pulled aff the hat. It was the first time ah'd actually seen him properly; it had been too dark at the party. His hair was curly and quite long, you don't see many young guys like that nooadays – they aw seem tae get it cut dead short. His face was delicate, quite feminine; close up in daylight he looked younger.

'Ah've no been in this wan afore,' he said, lookin round. 'Thought ah knew every café fae Maryhill tae Thornwood.'

'Ah come in noo and again. A lot of places round here you cannae get a seat at lunchtime. You workin the day?'

'Ah was up at the library. Ah'm gaun back tae dae a couple hour and then ah've tae start in Iceland at four.'

The drinks arrived and ah sipped mines, feelin a bit awkward. When we'd met at the party we'd talked as if we knew each other, but somehow ah felt a bit awkward sittin here in ma work clothes.

He took a big slurp out of his hot chocolate. 'Did you enjoy the party?'

'It was OK. Nikki ended up gettin aff wi some guy and

ah felt a bit awkward, didnae really know a lot of folk so ah just got a taxi hame aboot hauf-wan.'

'Ah was away by then, left just efter we were talkin. Is Nikki your pal?'

'Sort of. She started workin in the office a few month ago but we really only got tae know wan another recently. She split up wi her boyfriend no long before Christmas and ah was on ma ain too so . . .'

'So you just got thegether.'

'Aye, it's good tae have somebody to go oot wi. Jimmy and me had been thegether that long . . .'

'It's easy tae get in a rut.'

'Aye.'

'So are you a party girl, then?'

'Tae tell the truth, ah don't think ah know. Ah used tae be right intae gettin dressed up and gaun oot, loved dancin. But it's that long since ah've been on ma ain that ah just don't know any mair. D'you know whit ah mean? It's like what we were talkin aboot at the party — aboot who you are. Ah know who ah am at work and wi Anne Marie and ma mammy . . . but noo that Jimmy's no around . . .'

Ah stopped. Ah realised ah was sayin too much. Ah didnae even know this guy.

'D'you think yous'll get back thegether?'

'Who knows? Ah've given up thinkin. Less than a year ago ah thought ma life was all mapped oot, ah knew where ah was gaun, noo anythin could happen.'

'Excitin.'

'Scary.'

'Excitin is scary.'

Ah checked ma watch. 'Ah'll need tae rush . . . ah'm

gonnae be late.' Ah put two pound coins doon on the table. 'Nice tae talk to you again.'

He lifted the coins, put them in ma haund. 'Ah'll get it, it's cool.'

'Thanks.'

'You can get mines next time.'

'Aye, probably bump intae you again.'

'How about the same time next week? In here?'

'Aye, fine.'

'See you Thursday.'

'OK.'

Aboot hauf an hour later when ah was sittin at ma desk gaun through a file, all of a sudden a big smile spread across ma face. He'd asked me tae go and have a coffee wi him. No a date or anythin like that, but he must of wanted tae talk tae me, enjoyed ma company, a young guy like that, a Philosophy student.

Ah'd arranged tae meet Anne Marie efter work that day, get the subway intae toon for late-night shoppin. There was a top she was desperate tae get oot the Gap but she couldnae make up her mind which colour. There we were staundin in front of the mirror and she's got on the pink wan. Ah pulled the blue wan over ma heid and the two ae us are stood there and she was nearly as tall as me. She's that like Jimmy wi her fair hair and her eyes are exactly like his. And ah don't know if it was seein her all grown up like that or if it was no bein able tae see anythin of masel in her, but all of a sudden ah felt as if ah was gonnae greet. Ah turnt ma heid away and started tae pull aff the top, tryin tae hide ma tears but Anne Marie seen them.

'Mammy, are you OK?'

'Ah'm fine, hen.'

'Is it ma daddy?'

'Naw, it's no, ah'm fine.'

'Bastard.'

'Anne Marie, don't use that language.'

'Well he is.'

'No, he's no. He's just a bit . . . mixed up.'

'Well he could of been mixed up and just stayed in the hoose. He doesnae need tae go aff and stay in that Centre.'

'Ah thought you were OK aboot it.'

'Ah'm ur OK.'

'Ah mean he still loves you. He's still yer daddy.'

'Ah know.'

She smiled. 'Mammy. Know whit ah think?'

'Whit?'

'Ah think you should get the pink wan and ah'll get the blue.'

'D'you think the pink wan suits me?'

'Naw – but if you get it ah can borrow it aff you.'

Ah went tae see ma mammy straight fae work the next day cos ah'd no seen her on the Thursday. Ah know it was only wan night but ah was worried aboot her. She's gettin that thin. And she's nae energy. The doctor cannae find anythin wrang wi her. Keeps givin her tests but they're no further forrard. She's just no hersel. Sittin watchin the TV every night. She used tae be oot wi ma Auntie Rose tae the club or the pictures.

'Is that the top you got?'

'Aye.'

'It's a nice colour. Suits you.'

'Anne Marie's nice in the blue.'

'Aye, she's got her daddy's colourin.'

Ah sprayed polish on the duster and wiped the top of the TV, liftin a wee china bird wi a chip oot its wing. Anne Marie brought it back fae a school trip years ago.

'How is Jimmy, by the way?'

'He's OK.'

'Still speakin, are yous?'

Ah lifted the TV guide and *Woman* magazine off the coffee table and dusted that, ma back tae her.

'We've never stopped speakin.'

'So what's happenin? Is he still stayin round at that Centre?'

'Aye. He comes over maist nights tae see Anne Marie. Some nights she goes up there.'

'Is it no about time yous got back thegether?'

'Why don't you ask Jimmy?'

'Ah'm askin you. Whit's gaun on?'

'Nothin's gaun on. Ah've tellt you. He's the wan that left.'

'He didnae leave for nothin.'

'What do you mean?'

'Look, Jimmy worships the ground under your feet. Always has. That's how we let yous go oot thegether in the first place. You were only fourteen. Ah thought you were far too young tae be gaun wi anybody.'

'Mibbe you were right.'

'And we thought Jimmy wasnae good enough for you either, thought he was a bit rough. Me and your daddy discussed it. He said we shouldnae forbid it in case we made you even mair set on it. So we said yous could go out thegether but no on yer ain at fist, and he had tae come round tae the hoose tae get you and bring you hame.'

Ah smiled. 'Ah mind. Jimmy said it was like datin Princess Diana.'

'Efter a few weeks yer daddy turned tae me efter yous had left the hoose and said, "Pat, we've nae worries on that score." And ah said, "How d'you mean?" And he says, "Patricia, that laddie worships our Elizabeth. He'll no dae anythin tae hurt her."'

'Ma daddy said that?'

'And he was right.'

Ah went over tae the settee and started plumpin up the cushions, straightenin them.

'So it's about time yous got things sorted oot.'

'Well, mibbe you should tell Jimmy that. Or mibbe you should tell they flamin lamas since they're the only wans he pays any attention tae.'

'Tae hell wi the lamas.'

'Ah don't think they believe in it.'

'It's got nothin tae dae wi the lamas. If you ask him tae come back he will. Ah know Jimmy.'

'Oh, dae you? Well you don't know me very well if you think ah'm gonnae go crawlin tae him efter he's the wan that left.'

'Ah know you only too well. Stubborn – always have been. He's always given you yer ain way. A big softy. All you have tae dae is ask him. It's just yer pride that's keepin yous back. Somebody's got tae make the first move.'

'Well it's no gonnae be me, that's for sure.'

Ah didnae exactly slam the door as ah went but it was no far off it. Ah was beelin. Couldnae believe she was takin his part against me. She didnae know what had been gaun on – she didnae know whit it was like tae live wi Jimmy.

Ma mammy's hoose is just round the corner fae oors but ah didnae want tae go straight hame, needed time tae chill oot a bit afore ah saw Anne Marie, so ah went tae the café up the road. Ah sat doon and ordered a coffee; it's the frothy old-fashioned Italian kind, no yer trendy wans you get doon Byres Road. Ah struck a match and lit ma ciggie, sookin in the smoke. Ah really would need tae gie it up. It was daft, ah hadnae smoked for years afore this cairry-on started me up again. The ash was burnin on the endy the fag, and the smoke drifted under ma nostrils, teasin me. Trouble was ah didnae want tae gie up, no completely. If ah just cut it doon tae wan a day, mibbe even less, that wouldnae dae me much harm. Then it dawned on me why ah was so angry wi ma mammy. She said ah was stubborn, didnae want tae make the first move. She said that Jimmy would come back if ah asked him tae. Well, mibbe she was right. And in ma heart of hearts ah didnae actually want him back.

Ah didnae really want him back. It was as if the sky had turned a different colour. Lucky ah was sittin doon or ah'd have had tae sit doon. There was hardly anybody in the café at that time, just a coupla auld wifies havin a cuppa tea and some teenagers cairryin on, two lassies and two laddies. If you'd took away the sports claes and gied them some new romantic gear it could've been me and Jimmy and Paul and that girl he used tae go oot wi – Shelley – near twenty year ago. We used tae come in here, sit for hours over a coffee, then go round the back lane when it got dark enough tae dae some winchin wioot bein spotted. Young. Daft.

Too young. Ma mammy had been right. Ah was only two

year aulder than Anne Marie when ah started gaun oot wi
Jimmy. If anybody started tryin tae go serious wi Anne Marie
at that age ah'd kill them. How can you know what you want
when you're fourteen? Or twenty even.

Or thirty-three for that matter. How did ah know this
wasnae just a phase? Ah'd been wi Jimmy that long – how
could ah be sure that ah didnae want him back? Ah felt
terrible even thinkin it, couldnae imagine ever sayin it. Efter
all he was Anne Marie's daddy – if he wanted tae come
back ah'd have tae let him for her sake – but in ma hert ah
knew ah was enjoyin bein on ma ain. As long as ah could tell
everybody that he left me, went aff wi the lamas, wanted tae
find hissel and explore a new religion and all that, ah could
just sit back and no face the fact that ah was quite happy
wioot him. Except for wan thing of course. And even if he
came back, that might never happen.

Ah bought a tub of ice cream and walked slowly back
hame, takin ma time, hopin Jimmy wouldnae be in the
hoose when ah got there. Couldnae be bothered wi him
the night. The hoose seemed bigger when he wasnae there.
All the wee things that used tae get on ma nerves when he
was here – it was strange, but they annoyed me ten times
worse noo we werenae thegether. You'd think it'd be easier
tae put up wi them but it's no. When he washes the dishes
he never empties the basin efter him, just leaves it there,
wi the dirty scum of washin-up liquid clingin tae the ootside
rim of it. Ah hate havin tae look at it when ah come intae the
kitchen, specially when it's got cauld. And then when you tip
it oot you find auld bits a food stuck round the plughole, bits a
pasta swollen up and scraps of vegetables. It's disgustin. How
he can he no just empty the basin and gie a wipe round the
sink? When ah dae the washin up the basin's always on its

side and the cloth is over it so it can dry oot, no floatin in a mess of cauld water and grease that'd turn yer stomach.

But ah've never said anythin aboot it. Ah've just always put up wi it cos it's Jimmy and he's always done it and ah loved him and always assumed that there was some things ah done that annoyed him just as much. Gie and take.

But noo. Every time ah go intae that flamin kitchen efter him ah could strangle him. Ah have tae go through intae another room sometimes or ah'd say somethin. And when he's no around me and Anne Marie get on much better. No that we've ever fought or that – we havenae, we've always been dead lucky wi Anne Marie, you couldnae have a better daughter. But she's always been a daddy's girl; he's always been mair excitin, mair of a laugh than me, borin auld mum. Ah mind when she was a baby and she just wanted me. That's how it was up tae she was a year, year-and-a-hauf auld. Then wan day, ah can still remember it, she'd fallen and banged her heid and she started greetin and put her wee airms up tae get a cuddle and ah went tae pick her up and she said clear as day, 'want my daddy'. Wouldnae let me comfort her. Ah felt as if somethin died inside me. Left him tae pick her up and had tae go through intae another room, sat for ages and couldnae come oot. Couldnae even greet though ah wanted tae. Ah've never felt the same since. It's no that ah love her any less – cannae imagine lovin anybody mair than her – she's that close tae me, close tae baith of us wi bein the only wan, but ah felt as if something had been taken away fae me. Ah wanted ma baby back. And it wouldnae have been so bad if ah'd had another baby, then it would of seemed natural for Anne Marie tae move mair tae her daddy. Ah never said it but though we'd decided tae wait for a few year efter Anne Marie, save up a bit afore we'd

try for another wan, ah wanted tae get pregnant right away
— it was Jimmy kept sayin it was too soon and we'd plenty
time. And ah thought we had, but maybe if we'd tried then,
maybe. Life's full of maybes.

'Ma granny's just phoned.' Anne Marie called fae the livin
room as ah walked through the door. 'You've tae phone
her back.'

'OK. Ah haunded her the ice cream. 'Stick this in the
freezer, will you?'

'Can ah have some the noo?'

'Naw, wait tae efter yer dinner.'

Ah don't know if she got her dinner that night. The night
ma mammy died.

Ah really wasnae expectin it. There'd been a wee niggle at
the back of ma mind that she wasnae right, wasnae hersel, but
dyin . . . that was never on the cards. Ah think if ah'd dared
tae put intae words what ah was most feart of, it'd probably
be that she'd cancer or something. Sometimes in the middle
of the night ah imagined her lyin in hospital, gettin sicker
and the doctors tellin us they couldnae dae anythin. But at
least that way you've time tae get used tae it. No this.

When ah phoned there was nae reply and ah'd started tae
panic, tellt Anne Marie ah was gaun roond again.

'Whit's wrang, Mammy?'

'Don't know, hen, but she's no answerin the phone. She's
probably just in the toilet, but ah'd better just get round there
and check she's OK.'

'Ah'll come round wi you.'

'No, hen, it's OK. You get the tea started. Ah'll be back

in an hour. Just make some pasta and leave me some tae heat up. Is yer daddy comin round the night?'

'No the night. Ah said ah'd go round there the morra.'

'OK. Ah'll no be lang.'

She looked as if she'd fallen asleep on the couch. Ah knew though. She'd never of stayed so sound when she heard me comin in. Mammy's always been a light sleeper, wakes up the slightest noise. Ah stood in the doorway, no knowin whit tae dae. In the movies folk always touch the body or take a pulse, then they scream or faint. Ah just stood there. Ah knew ah should call the doctor or the priest, but ah just stood there in front of her as if ah was waitin tae see if she'd say somethin, tell me whit tae dae, like she always did. Ah sat doon beside her, just lookin. Her stillness. An hour ago, less than an hour ago, she'd been tellin me tae make it up wi Jimmy, and noo. It was ma fault. It was that fight wi me that made her take the heart attack or whatever it was that killed her. And the last words ah said tae ma mammy. What were they? 'Its no gonnae be me', words said in anger, slammin the door behind me.

'Mammy, ah'm sorry. Mammy, can you hear me. Ah didnae mean it.'

And she sat there. And ah wanted tae greet but the tears wouldnae come.

Ah went intae the hall. She still keeps the phone there even though Jimmy put a new socket in the livin room for her so she'd be warmer. Said she'd spend too much time on it if it was in beside her. Then ah realised ah didnae know who tae phone first. Ah suppose ah should call of called her doctor first but ah wanted somebody else there so ah phoned Tricia. She was a nurse, she'd know whit tae dae.

She came round right away, arrived even afore the doctor.

'Liz, are you all right? This is a terrible shock.'

'Ah cannae believe it. Ah knew she wasnae right but ah never thought . . .'

'Have you phoned the doctor?'

'She's on her way round. And the priest.'

'What aboot Anne Marie?'

'Ah don't want tae tell her on the phone. She's in the hoose hersel.'

'Where's Jimmy?'

'Ah don't know where he is the night. Ah want tae tell her masel.'

'Ah'll go and make a cuppa tea. OK?'

'Thanks Tricia.'

The doctor was the young wumman in the practice. Mammy'd really took tae her. It's funny, she used tae always go tae auld Doctor McKillop, who's aboot ninety-three and gies ye Sudofed tablets whether you've a broken leg or a broken hert. Ah thought she'd never change. But she seen this young doctor a year ago when she was first no well and she always makes her appointments wi her noo. Thinks she's brilliant. Thought.

'Fay Harrison,' she said, shakin ma haund. No even Doctor.

'Ah'm Mrs O'Sullivan's daughter.'

'I'm very sorry. This must be a terrible shock for you.'

Ah didnae want tae see the doctor daein whatever she was gonnae dae tae ma mammy, whatever she had tae dae tae check she was dead. 'D'you want a cuppa tea, Doctor?'

'Thank you. Milk, no sugar.'

'D'you know whit it was, Doctor, what caused . . . ?'

'Most likely a heart attack. Your mother had been unwell for some time and we never got to the bottom of what was causing her symptoms, but whatever it was, it was unlikely to have killed her in this way, so suddenly. When did you last see her . . . I mean before this?'

'An hour ago, Doctor. Ah was here efter work and ah'd just got hame when she phoned and . . .' Ah could feel the tears startin noo.

'I'm so sorry.' She put her haund on ma airm.

'But it's no just that, Doctor, it's . . . when ah was leavin ah said . . . could it have been a shock that caused the heart attack?'

'Something you said to her?'

Ah nodded. She put her hand on ma airm.

'Please don't upset yourself. This happens all the time with relatives. They think it's their fault. Nothing you did or said could have caused her heart attack, if that's what it is. It could probably have happened any time at all.'

'Thanks, Doctor.'

'I'm sorry about this, but I'm afraid we'll need to do a post-mortem.'

'But you said it was a heart attack.'

'That's almost certainly the case. But she'd never shown any signs of heart trouble before so . . . I'm afraid it's a legal requirement before the death certificate can be issued.'

'Oh.'

'Please don't get upset about it. It'll only delay the arrangements for a day or so. Give you time to get used to what's happened.'

Tricia was hoverin in the doorway, haudin a tray. Ma mammy's flowery mugs. Bone china, each wi a different spring flower on it: crocus, daffodil, snowdrop. There was a hyacinth too that made up the set, the wan she'd always used hersel.

The next couple of days went by in a blur. Ah spent hauf of it on the phone, tellin folk, makin arrangements, and the other hauf in the kitchen, makin tea and sandwiches.

'There must of been mair cups a tea drunk in this hoose this past two days than the whole of last year.'

Anne Marie was pourin oot another two cups for neighbours that had dropped by wi mass cards. Tricia was cuttin slices a fruit loaf and spreadin butter on them. She was showin noo; ah could see the bump quite clearly under the baggy tee shirt.

'Here, hen,' She put the slices on a plate and added them tae the tray. Anne Marie took them through intae the livin room.

'She's a great help, that one.' Tricia unwrapped another fruit loaf and crumpled up the wrapper. 'Seems tae have taken it really well. Her and her granny were very close.'

'Ah'm just worried it's gonnae hit her later.'

'Aye, it's easy tae keep gaun at this time. There's that much tae dae.'

'And that many folk around.'

'The hoose has never been empty since they brought her back.'

They'd brung her back tae the hoose on the Sunday. Her dyin on the Friday seemed tae haud everythin up a bit wi the hospital and the undertakers and that. The funeral wasnae gonnae be tae the Wednesday.

If it hadnae been for Tricia and Anne Marie ah don't know how ah'd of got everythin done. Ah thought Paul would deal wi the arrangements, him bein the eldest and a man, but he just went tae pieces. Ah've never seen him like this. Ah called him on his mobile just efter the doctor went away, didnae want tae phone his hoose cos ah know whit Angie's like – she can start a drama oot of lossin a perra gloves – and anyway ah wanted tae tell him masel. When he arrived just at the same time as the priest, his face looked grey. Paul's only four year aulder than me and he's always been a smart-lookin guy but he sat there on the settee slumped like an auld man. When the priest was givin her the last rites he hardly opened his mooth tae mumble the prayers. Ah tried tae tell him how it happened, what the doctor had said but he just sat there, sayin 'ma mammy's gone' over and over again. He looked as if he was gonnae greet.

Eventually Tricia said, 'Paul, there's nothin we can dae here the now. You should go hame and tell Angie. D'you want me tae come wi you? Ah could help put the weans tae bed.'

'Aye, Angie'll be in a state.'

Tricia grabbed ma airm and pulled me intae the hall. 'Ah'm sorry, Liz, ah'd of come hame wi you but ah'm worried aboot him drivin hame hissel in this state.'

'It's OK. Ah'd rather tell Anne Marie masel.'

'Ah know.' She looked through intae the room where Paul was sittin, his heid in his haunds. 'And Angie's no a lot of use at the best of times; she'll be in a state right enough. She's aye in a state. God knows whit he sees in her.'

'Ah didnae think it'd hit him this hard though – look at him.'

'It's the shock, takes folk different ways. Look, ah'll phone you later. If you want me to come round . . .'

'Ah'll be fine the night, Trish. Thanks. Ah'll phone you in the mornin.'

'OK.'

When ah got hame the first thing ah seen was the clock sittin on the mantelpiece. Eight-thirty. That was all. Felt like a lifetime since ah'd went oot the hoose. Anne Marie poked her heid round the kitchen door. She'd been washin her hair and it was wrapped in a green towel.

'How is she?'

'Anne Marie, come here, hen.'

Ah held oot ma airms and she came intae them. 'Ah'm sorry hen, your granny's passed on.'

'Whit happened?'

'Her hert. It was sudden, she never suffered, the doctor said.'

'Oh, Mammy.'

And we stood there, airms round each other.

Jimmy came round the next mornin. Anne Marie and me had been that quiet, tiptoein round the place as if mammy was actually in the hoose, and when he came in it was as if some big daft dug had rushed in.

'Liz, ah'm sorry.'

He went tae put his airms round me but ah kind of held him away and he just kissed ma cheek. He enveloped Anne Marie in a big bear hug.

'Whit d'you need done?'

'If ah make a list could you and Anne Marie go the messages? We'll need tae take stuff round tae ma mammy's for wanst her body comes back tae the hoose.'

'When will that be?'

'Ah think it'll be the morra. And efter that there'll be loads a folk round at the hoose so we'll need teabags and biscuits and stuff for sandwiches. And whisky.'

'Aye, ah mind when ma daddy died we went through bottles of the stuff.'

'Aye.'

'Cannae believe it was only two year ago. Right, wee yin, you get your coat on while yer mammy makes up a list. Want a cuppa tea the now?'

Ah spent the rest of the mornin on the phone and when the others came back we went round tae ma mammy's. Ah wanted tae get the place sorted for her comin back the morra. Jimmy moved some of the furniture in the bedroom tae make space for the coffin when it came. Anne Marie put food away in the kitchen. Ah dusted the livin room even though ah'd only done it yesterday. Ah lifted the remote fae the armrest of her chair and put it on top of the TV then picked up her TV guide and *Woman* magazine aff the table and put them in the magazine rack at the side of the fire. Mammy used tae buy that *Woman* magazine when ah was a wee girl but it had changed that much. Then it was full of recipes and knittin patterns: noo the stories were all aboot soap stars and cosmetic surgery. How come she still read it? Habit, or did she really enjoy all this stuff? Ah'd never asked her and ah'd never be able tae now.

Jimmy came in the room. 'D'you want tae have a look at the room noo – see if it's OK?'

He'd moved a chest of drawers out intae the spare room and shoved her bed beside the wall. 'Ah think there should be enough room for them tae get her in here on they wee trestle things. D'you want the bed moved oot as well?'

'Aye, you'd better, Jimmy. Folk'll be comin round for

the rosary and they need room tae kneel doon. Ah'll gie you a haund.'

Anne Marie came intae the hall. 'Ah don't think there'll be enough cups, Mammy. There's only four of they flowery mugs and a couple a yella wans.'

'We can bring some round fae the hoose efter,' says Jimmy.

'Haud on. Ah think ah know where there's mair. Ah went intae the press in the spare room and took oot a cardboard box all tied round wi string. Ah opened it up, unwrapped the newspapers and lifted a bone china cup, white wi a gold rim.

'Her best. Hardly ever used it. Ma daddy's funeral, Anne Marie's christenin, first communion, confirmation. Don't think ah've seen it oot since. Well, we can use it for her funeral. Anne Marie, you wash these and put them in the kitchen cupboard.'

Efter we'd moved the furniture, washed the dishes and tidied up we stood in the hall thegether. 'Is that us?' said Jimmy.

'Yous two go oot tae the van, ah'll just be a minute.'

Ah walked slowly round the hoose, pullin doon each of the venetian blinds in turn. The wan in the bedroom was a bit stuck and made a rattlin sound. The hoose was dark though wee lines of sunlight spilled ontae the flair through gaps in the blinds. Ah shut the door and locked up.

That night ah fell intae ma bed exhausted but ah couldnae get aff tae sleep. Ma mind was birlin. Folk comin and gaun. Tricia and John and their weans. Helen and Alex. Angie. And the phone never stopped ringin.

Jimmy stayed tae the end. It hadnae seemed strange at the time but noo ah'd time tae think aboot it it struck me how, when there was a crisis, it was as if we hadnae split up. It was just automatic that he came round, done the messages, helped me wi all the arrangements. No that ah wasnae grateful, but ah wondered if there should of been mair distance somehow. Course it might of been different if Paul had got his act thegether. He never even spoke tae the undertakers, never even came round here the night; Angie came hersel, said he was that upset he couldnae face seein anybody. Just as well we didnae all take that line or nothin would get done. Ah'd never realised there was that much tae get done efter somebody dies. When ma daddy died ah was too young really tae have much tae dae wi it; just tried tae make masel useful makin cups a tea and washin up. Kept masel busy.

The trouble was it still didnae seem real. Ah knew she'd been moved fae the hospital tae the undertakers the night and they'd be bringin her back tae her ain hoose the morra. We'd have the rosary on the nights leadin up tae the burial. Then it'd seem real.

The hearse parked ootside the hoose and ah watched fae the livin room windae as they lifted the coffin oot the back and manoeuvred it doon the path and intae the close. Ah went tae the front door and opened it. 'Just through there,' ah said, pointin tae her bedroom. They set oot the wooden trestles and placed her carefully on them.

'Do you want it left open?'

'Aye, please.'

Ah went intae the hall while they lifted the lid and placed it in a corner of the room. 'We'll be going now, Mrs McKenna. If there's anything else we can do, please don't hesitate to ask.'

'Thanks.' Ah showed them oot, then turned tae Anne Marie. 'D'you want tae see her?'

'Aye, Mammy.'

'You sure now? You don't have tae.'

'Ah want tae.'

Mammy was wearin a white robe wi Our Lady embroidered on it – ah'd asked for that specially. They'd done a good job wi her, whatever it was they done wi bodies, didnae like tae think. Ah knew they put some kind of stuff on the face, tae preserve it, make it look as if they were alive, but she didnae look made-up, just peaceful and like hersel.

'She just looks as if she was asleep, Mammy.'

'Aye, she does. You'd think she was aboot tae open her eyes.'

When ah seen ma daddy in his coffin he'd looked terrible. Ah was glad that this was the first body Anne Marie had seen.

'Will we say a wee prayer, hen? She'd like that.'

We knelt doon. Ah didnae know whit prayer tae say. We'd be havin the rosary later when everybody else arrived and it seemed kind of impersonal somehow, the rosary was sumpn you said wi lots of folk round you. And Hail Mary was too ordinary. Ah even thought of makin up ma ain prayer but that didnae seem right somehow, no whit mammy would of wanted. Then suddenly when ah was still kneelin there, thinkin, ah heard Anne Marie, startin tae sing, quietly, but in that beautiful, pure wee voice of hers.

'*Salve Regina, mater misericordie.*'

Hail, holy queen, mother of mercy.

Ah knelt there and listened as the notes rang oot, the Latin words, makin mair sense because ah only hauf understood them. When she'd finished ah put ma airms round her.

'That was beautiful, Anne Marie. Pefect.'

'Ma granny taught me the Latin words. When ah was learnin the prayer at school, she taught me that version, and ah like it better than the English.'

'D'you think you could sing it at the funeral? Would it upset you too much?'

'Ah'll try, Mammy.'

'Thanks, Anne Marie. Yer granny would love it.'

Anne Marie

UP UNTIL THE Monday everythin had been gaun dead smoothly. Everybody came tae the hoose for the rosary on Sunday and Father Meechan talked tae mammy aboot what hymns and readins she was wantin. The only problem was ma Uncle Paul. He was lossin the place completely, just sittin on the couch, starin intae space. Every time Mammy asked him what he thought of a readin or a prayer he said, 'She'd like that,' and every noo and again he said, tae naebody in particular, 'This is no real, it's no happenin.' Anyway, they got it all sorted and the priest went aff. Mammy decided she was gonnae stay in ma granny's hoose till efter the funeral so ma da ran me round tae stay wi ma Auntie Tricia and Uncle John.

'She's bearin up well, yer mammy. Ah don't think she should be stayin in that hoose hersel though.'

'Ah know. Ah offered tae stay and so did Auntie Tricia but she wasnae havin any of it. Said there was nae room and anyway, she wanted tae be by hersel. Said it was the only time she'd get.'

'Right enough. It's been all go since Friday. She's gonnae be knackered when this is all over.'

'Aye.'

'You've been a great help though, Anne Marie.'

'You too, Da.'

Ah kissed him on the cheek and jumped oot the van. Ah meant it though. Even ma mammy thought so, he'd been daein messages and makin tea and generally bein around. Ah should of known he'd blow it.

On the Monday night the wee man fae the St Vincent de Paul who led the rosary arrived at hauf-six and ah made him a cuppa tea. Then Uncle Paul arrived. He'd obviously been on the bevvy.

'Keep the whisky oot his road, Anne Marie,' Mammy whispered tae me. Auntie Tricia arrived wi Auntie Agnes and ma Auntie Maria. Ah hadnae seen her for ages; she's ma daddy's youngest sister and she works doon in London in some high-powered lawyer's job; he calls her Ally-Bally McBeal.

'It's good of you tae come all this way, Maria.' Mammy kissed her cheek.

'Ah'm so sorry, Liz, ah cannae believe it.'

'Are we ready tae start noo? It's just efter seven.'

The wee man was lookin at his watch and noddin towards ma Uncle Paul. The sooner we got started the less chance there was of him gettin completely blootered.

'We're still waitin for Jimmy,' says ma ma. 'Where is he?'

'He said he was comin,' ah says.

'He'd be late for his ain funeral,' says Auntie Agnes.

'We'll gie him a couple of minutes.'

'Time for a wee hauf,' says Uncle Paul.

Just then there was a ring at the doorbell and ah went tae answer it.

'Just in time, Da.' Then ah noticed Hammy, Ally and Sammy staundin behind him. 'Hiya, nice of yous tae come tae the wake.'

Ma da showed the lamas in. Mammy was just comin oot the livin room with the wee man and the lobby was suddenly stowed oot wi bodies.

'Oh, there you are, Liz.'

Mammy's face was like fizz. 'What the hell did you bring them here for?'

She didnae say it that loud, and ah don't think the lamas heard as they kept bowin and smilin, haudin white scarves oot tae her.

'Ah tellt you they were comin, mind the other night when we were talkin aboot different rituals and the Tibetan way of the dead.'

'What are you on aboot?'

'D'you no remember? D'you want them tae dae their stuff noo or wait tae efter the rosary?'

'Dae their stuff?'

'Their prayers for yer mammy.'

'Jimmy, ma mammy's lyin in that room in her coffin.'

'Ah know, that's why the lamas are here.'

'And if she wasnae, and if all these folk werenae round here, ah'd probably put you in your coffin.'

'Liz . . .'

'Jimmy, you are the end, the livin end. Please take yer pals and get the hell oot ma mammy's hoose.'

'Liz . . .'

'What's gaun on . . . is he upsettin you?'

Uncle Paul pushed his way intae the lobby.

'Paul . . .'

'Who the fuck are they? What're you bringin they Hare Krishnas round here for?'

'They're lamas, holy men.'

'Listen Jimmy, ma mammy's deid. Ma mammy's deid.' Uncle Paul stood right in front of ma da.

'Ah know, Paul, ah'm sorry.' Ma da put his haund on Paul's airm.

'Get your fuckin airm aff me.' Paul jerked his airm away.

'Ah'm sorry pal, ah was only . . .' Ma daddy turned tae ma mammy. 'Liz, ah was only tryin tae help. See the Tibetans have this special way a helpin folk fae wan life tae the next . . . And ah thought it would help yer mammy. Ah thought we'd discussed it . . . ah thought.'

'You thought. You thought. You never think, Jimmy, that's your problem − never use yer brain, just open yer mooth.'

Auntie Tricia laid wan haund on ma mammy's airm an wan haund on ma daddy's. 'Look, this isnae the time nor place. Jimmy, ah think you'd better go.'

'Aye, you get the hell oot of here.' Uncle Paul was staundin, swayin fae side tae side in the livin-room door. 'You go . . . or else ah'll . . . ah'll . . .'

He squared up tae ma daddy, who was aboot six inches taller than him, then bent ower and boked all over ma daddy's feet.

Then he stood up straight again and cairried on talkin as if nothin had happened, '. . . make ye go.'

While all this was happenin everybody seemed tae have forgotten aboot the lamas. Ah thought they'd went ootside but then ah noticed the door of ma granny's room was shut and ah heard funny noises comin fae inside. Ah slipped intae the bedroom. There they were sittin cross-legged on the flair in fronty the coffin and they were singin. Ah suppose you would cry it singin but it was a funny kind of wailin singin. Ah'd never heard anythin like it though it was a bit like the Gaelic stuff you get when the Mod's on the TV. They had their eyes shut and it was as if they were in another world. Ah was aboot tae tell them tae stop, tae get oot afore there was any mair trouble, but somehow ah couldnae. Ah just stood there listenin. Don't know whit they were singin, but it seemed tae haud me in a kind of spell.

Ah love singing and maist of the time ah just dae it, never really think aboot it, but sometimes ah feel as if ma voice is comin fae somewhere else, that it's no me singing. Ah mind wan time when ah was rehearsin for the concert and it wis just me and the music teacher in the room. Ah shut ma eyes and it was like ma whole body was vibratin, like ah was a musical instrument and somebody was playin me. Ah could hear ma voice fae a great distance. When ah'd finished there was silence in the room. Ma teacher never made any comment, just sat. And listenin tae the lamas ah felt the same way. As though they were musical instruments and the music was comin through them. And the sounds they made, that at first seemed harsh and discordant tae me, had become the maist beautiful sounds ah'd ever heard. Ah sat there and closed ma eyes.

Ah don't know how long we'd sat there. It seemed like

hours though ah suppose it was only a few minutes for the next thing, ma Auntie Tricia came in.

'Ah think yous had better go the now, please. They're gonnae dae the rosary.'

The lamas bowed and left.

Liz

THE MORNIN OF her funeral was cold and clear, a frostin of ice on the car wndscreens, everythin lookin dead clean, as if God done it specially fur ma mammy. She'd of liked that.

Ah'd no slept that well the night afore efter aw that cairry-on wi Jimmy and the lamas and Paul. Ah'd had these funny dreams aboot gettin chased by lamas in purple robes – ah was tryin tae get tae ma ain hoose but ah was lost and couldnae find it. When ah looked in the mirror that mornin ah looked ten year aulder, deep lines and daurk circles under ma eyes.

It must be the worst moment in yer life when you walk intae that chapel and see yer ain mammy's coffin sittin there. Ah didnae think anythin could of been worse than when ma daddy died, but it was. Ah was only fifteen when he passed on – ah just knew that ma life would never be the same again. Actually ah was a bit of a daddy's girl when ah was wee but Mammy and me have become closer since ah grew up and had ma ain faimly; since she's been ill we've seen each other nearly every day. And there she was, lyin in that coffin.

The chapel was packed. All the faimly was there and Jimmy's, as well as neighbours and folk fae the parish. Ah didnae know who hauf of them were but she'd a lot of pals fae the Glesga club who'd all turned up. Mr Anderson and his son baith came and sent a beautiful wreath. Nisha came too wi her ma, and Charlene – even though Anne Marie hasnae seen her much these days it was good tae see her there. The Mass was beautiful. Mammy would of loved it. Ah suppose she did love it, was there in some way.

Ah don't know what ah believe really. Ah've kept gaun tae Mass all these years but maistly that's because of Anne Marie. Ah wanted tae bring her up tae believe in somethin even if ah'm no sure it's true. Ah think it's better than nothin. Jimmy and me have had some fights aboot it ower the years – he left aff gaun tae Mass when he was a teenager, but he's let me have ma ain way in the end. He didnae mind Anne Marie gettin christened though he wasnae so keen on her gaun tae Catholic school. But ah wanted her tae get confirmed and get her first communion and all that, though ah don't mind her no gaun tae the Catholic secondary right enough – she's auld enough noo tae make up her ain mind. It's just ah want her tae have somethin tae comfort her if she needs comfortin.

And the service is a real comfort. The singin especially. All the auld hymns. 'Sweet Heart of Jesus'. Anne Marie singin 'Salve Regina'. Everybody was totally silent for that, except Auntie Rose, snufflin intae her hanky in the row behind. And at the end, efter the priest had put the holy water on the coffin and said the words we all filed oot tae 'Star of the Sea'.

That was when it got me. That was when ah felt the catch in the back of ma throat, the tears start tae come. Anne Marie took ma airm and we walked oot thegether, followin the coffin doon the aisle. Paul, sober as a judge the day, Jimmy, John, Alex and two of the men fae the undertakers cairried it. When ma daddy died ah was jealous of Paul, gettin tae cairry the coffin. It doesnae seem fair that women never get the chance tae dae that, cairry their loved wans tae their restin place.

Through ma tears ah saw the folk in the chapel, all singin; some familiar, some ah didnae know. Then, sittin in the back row ah spotted the lamas. They looked as if somebody'd beamed them doon fae Mars wi their shaved heids and purple robes but there they were singin away, followin the words on the hymn sheet. And for a moment ah felt anger rise in me like a bitter taste – they'd no right tae be there, they'd never even known ma mammy. Then it faded as fast as it had come. They were only payin their respects.

You think that a funeral's the end but really it's the beginnin. Mammy's death had been that sudden that it seemed as if years had passed between findin her there on the Friday night and the funeral on the Wednesday. Everythin had been geared up tae the funeral; all the plannin, the preparation, the folk comin round, and efter it was all over ah felt totally exhausted, drained oot. Ah went tae ma bed at seven o'clock on the Wednesday night and never woke up tae nine the next mornin. Ah couldnae believe ah'd slept that long. Anne Marie had got hersel oot tae school wioot wakin me and ah was alone.

Ah wisht she hadnae gone. Ah'd tellt her it she could take another day aff – thought we could mibbe have went intae toon thegether and had lunch, tried tae get back tae normal, but she wanted tae go in.

'We've got a Maths test the day.'

'When ah was your age that was a good reason for no gaun intae school. But you're right, better get back tae normal.'

Ah planned tae go intae work the morra. Mr Anderson had been dead good, tellt me tae take the week aff if ah wanted, but ah thought it'd be harder tae go in on the Monday mornin. And ah'd probably need tae take a few days' holiday tae get Mammy's hoose cleared so ah didnae want the work tae get backed up.

Ah felt completely at a loose end. The hoose was a right tip efter this week, so ah tidied up, done a washin and hung it up. Ah thought aboot gaun round tae ma mammy's and makin a start on things there but couldnae face it. Gaun intae toon wioot Anne Marie seemed like too much hassle and the thought of wanderin round shops lookin at claes just seemed daft. So ah decided tae go doon Byres Road. Ah could have some lunch and get a few messages in Safeway. And buy some nice cards tae thank the folk that had sent flowers. Ah was walkin doon Byres Road when ah bumped intae David. Ah was in such a dwam that ah'd nearly walked past him when ah realised he was staundin in front of me, wavin intae ma face.

'Hiya . . . you in there?'

'Oh, it's you . . . sorry, ah'm in another world.'

'It's OK. Ah'm glad ah caught you . . . ah was worried ah might be late.'

'Late? You gaun tae a lecture?'

He looked puzzled. 'Actually, ah was gaun tae meet you. For a coffee. It is Thursday, isn't it?'

'Oh, aye, of course . . . is that the time?'

Ah'd completely forgotten we were supposed tae be meetin.

'Still OK for a coffee?'

'Aye, ah'd quite like tae get a bowl of soup, actually.'

'Cool. Will we go intae the Grosvenor then?'

'Aye, they have nice soup.'

The Grosvenor is always dead busy but they've built an extension out the back and we managed tae get a table there.

'Had a good week?'

Ah didnae know whit tae say. Had it only been a week since ah'd seen him? 'Well, no, actually . . . ah don't know where tae start.'

He put doon the menu. 'Ah'm sorry. Is it somethin you can tell me aboot?'

'Ma mammy's died.'

Ah don't know if it was his voice, he just sounded that sympathetic and genuine, or if it was the shock comin hame tae me, but ah found masel startin tae greet, there and then in the middle of the crowded café, tears rollin doon ma cheeks, big sobs shudderin through me.

'Oh my God.' He came right round the table and put his airms round me, held me tight, hauf-kneelin beside me. He smelled nice, that vanilla smell again, some kinda eftershave or shampoo, so sweet and strong; and he was that warm, the heat of his body close tae mines. 'Ah'm so sorry, Liz, so sorry.' He stroked ma hair.

Ah don't know how long ah was greetin but suddenly ah was aware that everybody must be lookin at us. Ah pushed him away and started tae fumble in ma bag for a tissue. Ah pulled oot a wad of them and ma haunds were shakin that much ah couldnae unfold them. He took wan, separated it fae the rest and haunded it tae me.

He went and sat on his ain seat and the waitress came wi our soup.

Ah couldnae look up.

'Do you want this now?'

'Ah'm OK. Ah'm sorry, it just came over me all of a sudden.'

'Don't be daft, it's only natural. Do you feel like talkin aboot it?'

'Aye, in a minute.'

'Take your time. Eat your soup first.'

The soup tasted good. It was the first time since last Friday ah think ah'd actually tasted ma food. When it was finished we sat for a moment, in silence. It seemed weird tae be sittin here across fae a total stranger efter what had just happened. In a minute the waitress came and took the bowls away, set doon wer coffee.

'Can ah get yous sumpn else?'

'No thanks. That was great.'

Ah stirred the coffee, skimmin the foam fae the sides of the cup.

'So,' he says. 'When did it happen?'

'Friday. It was dead sudden.'

'Must of been a terrrible shock.'

'Aye. Ah'd just been round tae see her, then when ah got back hame she'd phoned Anne Marie. And ah rushed back round but by the time ah got there . . .'

'So you actually found her.' He put his haund across the table and touched mines. 'Tough.'

Ah sipped ma coffee, then looked across at him. 'See, the really awful thing is, we'd had a fight, just afore ah left – no really a fight, but she was gaun on at me and ah lost ma temper wi her, slammed the door. Ah feel that guilty.'

'It wasnae your fault, though.'

'That's what the doctor says, she said it could of happened any time. But how come it happened then?'

'It's just how it is. Ah think most folk feel guilty when somebody dies.'

'Ah know, but ah just wisht ah could of said goodbye, tellt her ah loved her.'

'Ah'm sure she knew that. Ah mean you looked efter her, didn't you?'

'Suppose so. Ah was round nearly every day.'

'Well then, she knew.'

'Are your parents both alive?'

'Ma da is, ma mammy died when ah was ten.'

'That's awful.'

'It was awful. Ah know whit you mean about feelin guilty. Ah kept thinkin it must be ma fault somehow. She'd been ill for a while; ah didnae know whit was wrang, of course, they never tellt me, but she'd breast cancer. Ah never actually found that oot till ah was aboot seventeen. And ma da and ma aunties all kept tellin me ah had tae be a good boy, no worry ma mammy cos she was sick. Then just afore she died ah got intae trouble at school, no anythin major, ah just broke a windae playin football. But ah couldnae rid masel of the idea that ah'd somehow caused her tae die because ah'd been bad and it'd worried her. And you cannae ask anybody when you're that age. Ma da seemed tae have enough grief of his ain wioot me addin tae it. Ah was the eldest as well, so ah had tae be strong for ma wee brother and sister. Everybody kept sayin how awful it was for them tae loss their mammy at their age. Sean was only five and Alicia was three and all the relatives kept makin this big fuss of them. And ah had tae be brave.'

'Ah don't know whit tae say. Here ah'm are, gaun on aboot lossin ma mammy at thirty-three and you were only ten. At least ah've had her all these years.'

'Ah don't think it matters when it happens. Yer mammy's still yer mammy. It's always too soon.'

'How did yer daddy cope? It must of been hard raisin the three of yous on his ain.'

'Well, he remarried actually. Two year efter she died. Ah hated him so much for daein that . . . but ah quite like her noo.'

'Two year doesnae seem that long.'

'It's funny, ah studied Sociology for a while at uni and apparently between one and two year is the time when people make healthy new relationships efter death or divorce. Sooner than that and they're on the rebound, and if they leave it later they get too set in their ways.'

'Sociology – sounds like sumpn you'd read in *New Woman*. Though men do seem tae get remarried quicker than women.'

'True. That's because they're mair helpless. Though tae be fair tae ma da, wi three weans tae look efter, you could hardly blame him for tryin tae find someone tae help him. He wasnae exactly a new man.'

'Are you?' The words came oot wioot thinkin. Ah suddenly felt embarrassed ah'd asked him. 'Sorry, never mean tae be personal.'

He smiled. 'It's OK. Ah think we've kind of got past the

formalities somehow. Aye, ah'm a new man. At least ah hope ah'm are. Ah'd like tae see men and women free tae be who they are, no locked intae gender stereotypes, as they say in Sociology lectures. Ah mean look at me – ah'm no exactly macho man . . . mibbe ah'd could stay hame and look efter the babies while the wumman did a bit of hunter-gaitherin. Of course . . . it's probably just an excuse.'

'An excuse?'

'For ma total and utter laziness. What ah really want is for some rich wumman tae pick me up so's ah can gie up the job in Iceland and become a toy boy.'

Ah laughed. It felt strange tae be laughin and ah put ma haund over ma mooth. The waitress came up and lifted the coffee cups. She put the tab on the table. David said, 'Excuse me, ah think ah'll have something else.'

'Sure, what would you like?'

'Do you still dae that brilliant dessert – the hot caramel shortcake with ice cream?'

'Aye.'

'That's for me. Come on Liz, you have wan too. It is so decadent – they should call it "mortal sin".'

'OK, you talked me intae it. And another coffee, please.'

David smiled. 'Two coffees and two mortal sins.'

Ah went up tae meet Anne Marie at the school at three thirty. It was the first time ah'd done it since she'd started the new school and ah felt a bit daft staundin at the gate. When Anne Marie was wee and ah worked part-time ah used tae go and wait wi all the other mothers, watchin them comin oot in their neat uniforms, all excited aboot whit they'd been daein, ready tae tell you everythin. Secondary's different. They're all that big for a start. Anne Marie's tall for her age but she's only in first year; some of the aulder boys were like men. And when Anne Marie saw me waitin for her she didnae exactly look that chuffed tae see me.

'What are you daein here?'

'Ah just thought ah'd come up and meet you – ah was doon Byres Road daein some messages.'

'So ah see.' She took a couple of the bags aff me.

'Ah only meant tae get a couple of things – should of brung the motor.'

'You should of phoned me and ah could of met you doon Byres Road. Saved you comin all the way up the hill.'

'Ah thought you were supposed tae have thon mobile switched aff in school.'

'Aye, but ah switch it on as soon as ah come oot the door.'

'Oh.' Ah thought she'd be glad tae see me. 'How was your day?'

'OK. Ah should of had a note for bein aff though.'

'How come? Ah phoned the school on Monday tae tell them aboot yer granny.'

'Ma regi teacher says ah need a note as well.'

'Well, remind me the night and ah'll write wan for you.'

We heided towards Byres Road.

'What did you do the day?'

'Just tidied up, done a washin. Went for lunch.'

'Where to?'

'The Grosvenor.'

'Did you meet Nikki?'

'Aye.' Ah don't know how ah said that – it just came oot. Ah never meant tae lie aboot David – why should ah? He was just somebody ah'd had lunch wi, a friend. No even really a friend, an acquaintance. So how come ah hadnae tellt Anne Marie the truth?

'D'you want tae go for a coffee in Byres Road afore we go up the road?'

'No really. Ah've got a lot of hamework tae catch up wi the night, Mammy.'

When we got tae the bus stop we perched on wanny they metal seats that arenay really seats at all, just a shelf really. Ah tried tae balance the message bag on it then gied up. Anne Marie searched in her bag for her bus pass.

'Miss O'Hara was at the funeral,' she said, rummlin through all the wee pockets. 'She said tae tell you it was a lovely service.'

It was a lovely service, aye it was a lovely service and for a while it softened the ache. But then it was a week and two weeks and the pain was still wi me, this pain ah cairried like a stone in ma belly. Ah couldnae eat or drink for it gettin in the way, couldnae wake up in the mornin but it was there. Ah wanted tae run it oot, even went back tae the aerobics classes ah'd no been tae for months. And ah was runnin, air squeezin in and oot ma lungs, ma heid nippin wi thon stupit music janglin in ma brain and the lassie's voice beltin oot instructions. But no even the stabbin pain in ma side that made me stop and bend over in the middle of it could wipe oot the other pain, always wi me.

Wan mornin ah was walkin up the road tae ma work and there was a crowd of folk staundin ootside a big hotel, dead smartly dressed as if they were gaun tae a weddin or sumpn. A wumman came up tae me, a wee wumman in a smart flowery frock, plump the way ma mammy had been afore she got sick. She spoke in a Jamaican accent. 'I know it is early in the mornin and people are busy but would you take this leaflet and read it later?' And her voice was that warm and soft that ah wanted tae go intae her airms and be held by her.

Sittin at ma desk ah took the leaflet in ma haund and looked at it. On the front was a picture of a wee lassie in a white frock haudin a big bunch a flowers, lookin sad, sittin at a graveside. 'Do you have an immortal spirit?' it said, then on the back there was a picture of folk in brightly coloured claes, all different skin colours and features, huggin and kissin their loved wans; weans and grannies and couples. It was in a graveyard but the graveyard was all pastel colours, faded tae show it was death that wasnae real, and life efter death that was. *The Watchtower*. Ah folded it up and put it in ma purse.

Every day ah got up, went tae ma work, done the housework, watched the TV. Anne Marie and me had wer tea and she got on wi her hamework, seen her pals. Some nights Jimmy came round. Ah kept oot his road. All the time there was this big hole in ma life and naebody was talkin aboot it. Ah used tae go round tae ma mammy's efter we'd had wer tea, spend an hour wi her, and that was the time it hit me hardest. Ah'd find masel about tae put ma coat on and ah'd stop. Ah knew ah'd have tae go round sooner or later tae sort the hoose oot, but ah couldnae face it. And naebody offered tae help. It was as if naebdy else had even thought aboot it. That's no fair, ah suppose. Tricia'd offered tae help and ah know if ah'd picked up the phone she'd of been round like a shot. But somehow ah couldnae bring masel tae ask anybody. And another week went past. Then on the Wednesday ah got an email fae David. Ah was that surprised when it came up

on the screen of ma computer at work. Ah'd forgot ah'd
gied him the email address. Ah hardly ever get any personal
emails at work anyway – Nikki gets all these daft wans fae
some lassies she used tae work beside who seem tae spend all
their time sendin round stuff they've copied off the Internet
but ah couldnae be bothered wi it. The email was dead short.
'hi liz, how d'you fancy lunch the morra – grosvenor any
good? what time? lv, david.'

Ah pressed the reply button right away. 'Hi David. Glad
to hear from you. See you at the Grosvenor at 12.45.' Then
ah stopped. How do you sign aff? He'd put lv but that was
daft, joky. Ah couldnae put that. 'All the best, Liz.'

Somehow the rest of the day was easier. Ah went aboot
wi a smile on ma face, felt lighter. That night ah spent ages
figurin oot whit tae wear and decided on the top oot the
Gap wi a pair of black trousers. Smart enough tae get away
wi at work but mair trendy than ah'd usually wear.

David was in the café when ah arrived, had got a seat in
the back. He stood up when he seen me and took ma haund.
'Good tae see you.'

There was a hauf-drunk cup of coffee in front of him.

'Have you been here lang?'

'Fifteen minutes. Thought ah'd try tae get here early and
grab a seat.'

'Do you know whit you want?'

'Ah fancy soup but ah'd like sumpn else as well. Don't
know whit, though.' he looked doon the menu. 'Suppose
we have a bowl of soup each and share a baguette? They're
quite big.'

'OK. What fillin?'

'You choose. Ah'll eat anythin.'

'Tuna mayonnaise?'

'Ma favourite.'

Efter the waitress had taken our orders ah took ma coat aff and put it on the back of the chair.

'Nice top,' says David.

'Got it in the sale in the Gap.'

'Colour suits you.'

'Thanks. You workin in Iceland the day?'

'No till four. Gives me some time tae catch up wi auld Immanuel this efternon.'

'Immanuel?'

'Kant. With a K. Famous philosopher.'

'Is that who you're daein yer PhD on?'

'Naw. But there's a bit ah need tae look up. It's quite a minor point in the thesis overall but ah need tae be sure aboot exactly whit he said and it's ages and ages since ah read him.'

'Right.'

The soup arrived.

'Must be dead interestin.'

'Sometimes it is, sometimes it's no. Sometimes you just have tae force yersel.'

'How did you get intae Philosophy? Ah mean it's no somethin you'd of studied at school.'

'It was bit of a fluke really. Ah wanted tae study History and Sociology, and ah needed another subject tae make up ma timetable. And Philosophy was on at two o'clock in the efternoon so that meant ah didnae need tae get oot ma bed too early.' He put the spoon to his lips, then stopped. 'Naw, that's no entirely true. Ah think efter ma mammy died ah'd always been wonderin why. Why? The meanin of life and all that. And ah thought if ah done Philosophy ah'd find the meanin of life.'

'And did you?'

'Does it look like it? Sorry, ah didnae mean tae be sarky. Ah think ah did find somethin. Mainly that the folk that taught me Philosophy didnae have much of a scooby aboot life. They didn't seem tae have lives for a start.'

'Absent-minded professors?'

'Tell me aboot it. Some of the Sociology lecturers are actually quite normal but the philosophers were as old as the hills. Wanny ma tutors couldnae even make eye contact wi me. So ah decided that they werenae gonnae tell me much aboot how tae live yer life. But the theories are interestin. And ah think the meanin of life is there is no meanin and while we're here we should enjoy oursels and try no tae make anybody else unhappy. Amen, my child.'

Ah didnae know whit tae say.

'Sorry Liz, just ignore me. Every noo and again ah need tae rant. Anyway, how have you been?'

'Ah feel as if ah'm livin in a bubble, like nothin's real. Ah get up, go tae ma work, tidy up, watch the TV, but it's no real. Mammy's no here. And naebody's talkin aboot it.'

'Maybe they don't know whit tae say.'

'She was only buried three weeks ago and it's as if that's it, it's all over.'

'Like you have tae just get on wi your life.'

'Aye.'

'But you're no the same, your life's no the same.'

'That's it, it's like ah'm no the same person but ah'm kiddin on ah'm are, playin a part.'

'Is there naebody you could talk to?'

'Ah don't know, it's as if ah'm waitin for them tae speak first. Ah don't like tae talk tae Anne Marie aboot it; ah'm her mammy, have tae be strong for her. And she's been a bit distant.'

'Maybe it's just her way of dealin wi it. Or maybe she doesnae want tae upset you.'

'Aye, mibbe, ah hope no. We've always been able tae talk aboot things.'

'That's good. That was the trouble wi ma faimly, we'd never been able tae talk aboot anythin, so when ma mammy died, it all just got swept under the carpet.'

'Ah don't want that tae happen tae me and Anne Marie, but ah don't want tae poke and pry and try tae get her tae talk if she doesnae want tae either.'

'Naw, it's findin a balance, isn't it?'

'Aye.'

'And you need tae talk tae somebody aboot yer feelins. when ma mammy died ah was always made tae feel ah should think aboot everybody else's feelins, be strong. It wasnae till ah was aboot twenty that ah finally let it all oot. Ah went tae a counsellor and that helped. That's a counsellor wi an "s", by the way. Ah don't think the City Chambers is the place tae go if you've got a problem.' He smiled and sipped his coffee.

'Who did you talk tae?'

'Somebody at the student health service, but you can get counsellin all sorts a places, it's practically the only growth area for jobs; work in a call centre or train as a counsellor. Everybody's got problems and naebody's got anybody tae talk tae.'

'Ah guess.'

'Ah'm serious, though. It might help you, maybe no the now, it's too soon, but later when things have settled doon. Yer doctor could tell you if there was anybody available in the practice. Or gie you a phone number.'

'Aye. Ah've never thought aboot it – always thought there'd be somebody in ma ain faimly ah could talk tae. Never thought things'd be like this.'

'And of course, you can always turn to the world famous David Cameron Counsellin Services. Based in the Grosvenor Café.'

Ah smiled. 'Ah'm sorry, ah know ah've been gaun on.'

'It's OK. Really.'

'Anyway, ah'd better go. Back tae work.'

'Aye, me too.'

We paid the bill and went ootside into the lane. It was a lovely sunny day, dead mild for March all of a sudden, and we stood in fronty the picture hoose opposite the café. There was posters ootside, advertisin next week's films.

'Have you seen that *Ratcatcher* yet?' he said.

'Naw, missed it when it was oot the first time. It's supposed tae be brilliant.'

'D'you fancy gaun this weekend?'

'Ah don't know if ah can manage.'

'Look, ah'll mail you the morra and you can let me know. Any night except Sunday suits me.'

'OK.'

Then he bent doon and gied me a kiss on the cheek and was off, stridin doon the lane towards the uni.

It was just as well everythin at work was dead routine that efternoon as ma mind kept returnin tae David. Couldnae figure it oot. Ah wasnae even sure it was a date he was askin me on. He'd been that friendly and we'd talked as if we really knew each other. But it was wan thing meetin him for lunch or a coffee and another gaun tae the pictures wi him. Then again, mibbe ah was readin too much intae it. Mibbe wi him bein a student he'd a different way a lookin at it, it never meant anythin. Anyway, a young guy like that wouldnae be interested in me; separated, seven year aulder than him. Ah was just kiddin masel on. He probably just felt sorry for me. Maybe he was lookin for a mother figure – efter all he'd lost his ain. He'd kissed me though. On the cheek right enough, meant nothin.

Ah went tae the toilet, washed ma hauns and face, looked at masel in the mirror. This was daft. Ah was still merriet, even though Jimmy and me were apart. There was Anne Marie tae think aboot. It was too soon for me tae start seein somebody else. Havin lunch was fine, it was nice tae talk tae him. But that was enough.

He emailed me the next mornin. 'hiya – how bout the movies – can you make it? lv david.'

'Dear David, Sorry I won't be able to come. I need to make a start on clearing Mammy's house so won't have much time. Thanks for asking. It helped to talk to you the other day. Best wishes, Liz.'

The reply came back right away. 'nae bother – another time, glad y're making a start on the house, its all part of the process. lv david. ps are you free for lunch next week?'

Ah put off answering him, didnae know whit tae say. Ah wanted tae meet him again, but should ah? Was ah gonnae get masel in deeper than was wise? In the end ah emailed back. 'Dear David, not sure about Thursday. Will get back to you. All the best, Liz.'

'i'll be in the grosvenor at quarter to one anyway, see you if i see you. lv. d.'

A sour smell hit me when ah opened the door. Ah lifted the mail fae the mat and put it on the hall table; ah'd need tae go through it at some point, but no the day. The day ah wanted tae dae practical stuff; clean up, chuck oot, get ma haunds dirty.

Ah went through tae the kitchen and opened the fridge door. Ah'd brought a pint of milk wi me for a cuppa tea and it looked weird sittin in the empty fridge. Tricia'd cleared efter the funeral and there was only a bottle of tomato ketchup and a jar of honey left. Suppose ah could of taken them hame tae use but ah lifted them oot and chucked them intae the bin, where they clattered against the metal. Ah'd always hated that bin. It was wanny they pedal bins, a pattern a beige flowers on it. It was that wee you'd tae keep emptyin it all the time intae the wheelie bin. Ah was always on at her tae use proper bin liners in it but she kept usin the poly bags fae the supermarket.

'They're free aren't they, why pay for bin liners?'

But the wans fae the supermarket sometimes had wee holes in them and the bits of rubbish would escape and make a mess. Ah hated that. It was the same wi the scourers, they foam wans you get for washin up. She used tae use them till they were a health hazard. Ah never keep them longer than a week; she thought ah was dead extravagant but ah cannae bear things that are dirty. Wanst she was ill and ah started daein her messages, ah bought a jumbo pack of sponges and chucked oot all the auld wans.

Ah stood at the door of the livin room and looked round. Ah couldnae dae anythin aboot the furniture the noo. Ah didnae want any of it masel but ah'd need tae see if Paul did. Couldnae see Angie lettin any of it in the hoose though. What was left could go tae the St Vincent de Paul. They were good, they were comin on Thursday tae pick it up and gie it tae somebody that needed it, and they'd take dishes and kitchen stuff too. But ah'd need tae go through everythin else.

Ah lifted the ornaments on her mantelpiece, wrapped each wan in newspaper and put them in a cardboard box. China birds all different kinds, different colours, sittin on bits a logs or poppin their heids oot of wee hooses. When ah was wee she'd just had the wan, sittin on the right side ae the mantelpiece, a robin wi a red breast and mad stary eyes, but then ah bought her another wan for her birthday when ah was ten, saved ma pocket money for weeks, and then it started bein a kind of ritual that we'd bring her wan back fae holiday. Anne Marie always used tae get her wan when she was away on a trip fae the school.

In a stool wi a black plastic lid on it she kept cuttins oot of magazines; knittin patterns, recipes, handy hints. Ah lifted them and flung them in a bin bag. Her knittin bag wi Aran wool and the latest jumper still on its needles was sittin in a corner. Ah don't know anybody who has time for knittin noo but mibbe some auld dear could use it so ah stuck it in the bag for the charity shop. Maisty the books went in a box for charity too. No that Mammy had many books. She was a great reader but she always went tae the library, rarely bought a book.

There wasnae much left. Mammy'd had a big clearoot afore she came here – the rooms in this wee flat were a lot smaller than in her auld hoose – and ah'd already taken all her bank books and papers round tae ma ain hoose. But ah'd need tae redd oot her claes.

Ah went intae the bedroom and that's when it hit me. Ah'd forgotten Jimmy'd moved her bed intae the spare room so's they could get the coffin in and it hadnae been moved back. The room was practically empty. Movin through the rest of the hoose it could of been that she was oot, on holiday maybe, but here, in the bedroom wi nae bed, it was final. She was gone.

Ah opened the wardrobe and went tae take oot her claes, sort the wans that could be given tae the charity shop and the wans tae be thrown oot, but ah was caught by the smell again, a musty smell, an auld lady smell. Ah'd never realised ma mammy was gettin that smell, never smelled it aff her. She was always dead clean and wore perfume – Rive Gauche she liked – but here in the wardrobe, among the claes, there it was; the smell of auld age. No the smell of a nursin hame or a geriatric ward; ah'd had tae visit ma granny often enough and that was different, that was the smell of urine and unwashed skin. Naw, this was somethin you couldnae put a word tae. Why would somebody smell different because they were auld? If they werenae neglected and could look efter theirsels why would they smell different fae somebody young? Ah imagined the dry skin flakin aff ma mammy, powderin and workin itsel intae the folds of the claes. These claes hangin up here infused wi the skin of ma mammy, moulderin away inside this wardrobe. Ah buried ma face in the claes, feelin the nylon, polyester, unnatual fabrics that washed easy and hardly needed ironin, and ah smelled the scent of auld, auld skin. Ah wanted tae greet, tae get right intae that wardrobe, hide masel inside it and howl ma heid aff, but ah couldnae. The tears were stuck somewhere between ma chest and ma throat.

Ah felt angry and ah didnae know how. Why was ah angry? It wasnae her fault she'd died. It wasnae anybody's. People died, and as lives go, her life had been a good wan; she'd been happy, loved her grandweans. And her children. At least ah supposed she'd loved us for it wasnae her way tae say it. Her and all her generation. They werenae brung up tae say they loved you. Ah wasnae brung up tae say it either.

What difference would it have made if ah could of said the words? *Mammy, ah love you.* If ah could of said it every day when ah was leavin. *Mammy, ah love you.* And for her tae say it back. *Ah love you.* Ah used tae say it tae Anne Marie. Ah used tae say it every day when she was wee. *You know ah love you, you know yer mammy loves you.* Always, then noo she's a teenager and when ah turn up at the school gate it's *you should of phoned me.*

It's no that simple either. How come if ah loved ma mammy that much ah resented her too? How come ah didnae really want tae spend that much time wi her? Everybody said ah was a good daughter cos ah came round and tidied up for her every night, but ah was in and oot of here as quick as ah could, barely an hour ah spent, never sat doon and talked tae her. What was there tae talk aboot? What was there tae say? We never even done anythin thegether the last few year, never even went shoppin thegether hardly, ah used tae get so fed up wi her she was that slow, ah never had the time. What if Anne Marie feels like that aboot me when ah'm auld?

Ah lifted ma mammy's claes oot the wardrobe, hangers and all, and put them intae a bin bag. Then ah locked the hoose and walked oot, doon the road, no knowin where ah was gaun.

It was dead trendy, the hairdressers; painted cream and black, mirrors in beaten metal and a big vase of lilies at the reception desk. Ah'd walked by it often enough but never been in. Never thought there was any chance of an appointment on a Saturday efternoon but when ah spoke tae the lassie at the desk she said there was a cancellation wi somebody called Cheryl and could she take ma jaicket.

A young guy showed me tae a chair.

'Cheryl will be with you in a minute. She's just finishing off with another client. Can ah get you a coffee?'

'Aye, thanks.'

Cheryl was a round-faced lassie wearin a short skirt and big clumpy boots. Her hair was jet black wi a red streak at the front. She shook ma haund.

'Ah'm Cheryl, nice tae meet you. What are you having done this afternoon?'

'Ah don't know really. Ah'm a bit fed up and want ah change.'

'Brilliant,' she said, runnin her haunds through ma hair as if she was weighing it. 'D'you want tae go shorter?'

'Ah think so.'

Ma hair's been cut in a bob for years; it's quite straight and shiny and a kind of medium brown. She started liftin it up, pullin it away fae ma face.

'You've a good bone structure, you'd really suit it a bit spiky, a bit mair movement through it, some layers.'

She was lookin at ma hair intently as if she was a scientist on the verge of a new discovery. Then she said, 'How about the colour?'

'Ah usually put a rinse in it masel, brighten it up a bit. Gie it a reddish tone.'

'Permanent?'

'Semi.'

'When did you last dae it?'

'Maybe six weeks ago.'

'Perfect. How d'you fancy something a bit mair adventurous?'

'How d'you mean?'

'Well, a lot of folk are going for brighter shades. Ah could dae a nice base shade, a bit brighter than your natural colour and put a few highlights in – a hot pink would be just you.'

Ah looked in the mirror. Ah'd no slept properly since ma mammy passed on and ma face looked grey and tired. Ah was dressed in an auld top and denims for clearin the hoose. Ah looked at Cheryl wi her trendy claes and spiky hair. She was probably only five or six year younger than me.

She smiled. 'Go for it?'

'Aye. Go for it.'

Three hours later ah walked oot the hairdressers feelin like a supermodel. Ah walked alang Great Western Road lookin in shop mirrors. Ma hair was all spiked up at the tap, and it looked as if somebody'd painted pink streaks through it. Ma neck felt cauld though; it was much shorter than usual.

Ah went for a coffee and sat, flickin through the paper, feelin as if everybody was watchin me even though ah knew it was daft – they didnae know ah looked any different fae usual. It was funny though, ah felt like a different person, sat up straighter than usual in ma seat.

Ah looked at ma watch. Hauf-two. Ah'd no had lunch yet; ah'd need tae get hame, see what Anne Marie was up tae. But ah couldnae bear the thought of just sittin in the hoose the night, all dolled up and naewhere tae go. Ah took oot ma phone and dialled Nikki's number.

Anne Marie came oot her room when she heard the door.

'Mammy, ah . . .' she stopped.

'It's OK, say it,' ah said. 'Ah know it wis a mad thing tae dae.'

'It's . . . nice . . . suits you.'

'D'you think so?' Ah looked at masel in the mirror, pullin at the strands. 'Ah liked it when ah seen it at the hairdressers but noo ah'm hame ah don't know. Ah mean what am ah supposed tae wear wi sumpn like this? And what is Mr Anderson gonnae say when ah turn up on Monday mornin?'

'Ah don't think he'll even notice, Mammy. When ah go up tae get you fae work he looks at me and says, "And what is your name?" and he's seen me loads a times.'

'Aye but it's a bit different no rememberin folk's names and your secretary lookin like a punk.'

'Loads a folk have their hair dyed noo, Mammy. Anyway, he cannae say anythin aboot it. You've got rights. We were learnin aboot it in Modern Studies.'

'We'll see. Anyway it'll grow oot. Ah can always go back and get them tae tone it doon.'

'Naw, ah think you should keep it like that. It really suits you.'

'Thanks. Listen, Anne Marie, ah'm gaun oot the night.'

'Well, you'll need tae show aff yer new hairstyle, won't you?'

'Nikki's gaun oot for a drink wi some pals and ah said ah'd go alang too. Yer daddy's comin round. Is that OK?'

'Cool. Ah'll go round tae the shop and get a video.'

'OK. Don't be long, ah'll get the tea on.'

All the time we were daein it ah felt as if ah was split in two, as if part of me was inside ma body, feelin, and another part of me was somewhere up on the ceilin, watchin. And a good view ah had of the two of us, me kneelin on Nikki's kitchen flair, skirt up round ma waist, knickers round wan leg, arse bare tae the world, and him fuckin me, balls bouncin against me, his haunds cuppin round ma breists, his face buried in ma neck. And somebody else was was sayin the words that were comin oot ma mouth, ride ride ride, fuck me, fuck me, fuck me. No too loud in case they heard next door. And it was like ridin; the rhythm was perfect, like these guys that ride waves on surfboards, hittin just the right spot. Nothin could put us aff, no even when the kitchen door creaked open and a shaft of light hit us fae the hall. A figure stood there – ah think it might of been Alan, heard his sharp intake of breath, then he shut the door quick and went back tae the livin room where the rest of them were.

And we just kept on, goin for it, till we collapsed on the flair thegether, laughin.

'This flair's manky . . . Nikki's needin tae get a scrubbin brush oot.'

'Ah cannae believe you said that . . . ah must be lossin ma touch.'

'If that's you lost yer touch ah'm glad ah didnae get aff wi you when you were on form – ah might of dropped deid.'

He smiled. 'You're no bad yersel.'

'Takes two.' Ah started tae put on ma knickers and pull ma skirt doon. 'Ah better go tae the bathroom and get cleaned up.'

'D'you want me tae wait for you here or should ah go intae the livin room?'

'Don't think it matters. They're no gonnae believe we were makin toast – Alan must of seen us.'

'Ah know. D'you want tae leave?'

'Naw, ah'd never be able tae face them again. Gie's a minute – wait here then we'll go in thegether. OK?'

*   *   *

It was wanny they things you think efterwards must of been meant tae happen, yet it was pure coincidence that David had been part of the crowd, oot for a drink that Saturday night. Later he said that he never seen Derek that often, just happened tae bump intae him that efternoon and was at a loose end. And ah'd just wanted a night oot, a good laugh, chance tae show aff ma new hairstyle and forget aboot things. But when he came intae the pub he made a point of sittin beside me and though we never really had much chance tae talk on wer ain, ah just knew. He was lookin at me, really lookin at me, and ah felt ma face flush.

He bent closer. 'Love the hair.'

'Thanks. Just went mad. Let the hairdresser dae what she wanted.'

'It really suits you. You look fantastic.'

And it was as if, that night, even though we hardly said a word tae each other on wer ain, somehow we were thegether. Ah could feel his leg, warm against mines and smell his aftershave. Efter the pub we'd all went back tae Nikki's and while she was gettin drinks for everybody in the livin room, he took ma haund and led me intae the kitchen, shut the door and the next minute ah was pushed up against it and the two of us were kissin till we couldnae breathe, and ah still don't know how we ended up on the flair or how we seemed tae fit thegether as if we were two haufs of somethin that had been broken apart and had come back thegether again.

'That's me hame.'

Ah stuck ma heid round the livin-room door. Anne Marie and Jimmy were sittin on the settee, glued tae the TV, faces sickly-lookin in the hauf light.

'Aye, right.' Anne Marie glanced round.

Jimmy never looked fae the screen.

'Want a cup of tea?'

'Aye, please.'

Ah put the kettle on then went intae the bathroom and looked in the mirror. Ah couldnae unnerstaund how they never noticed anythin different aboot me; ah looked completely different, and no because of the hair. Ma eyes were soft and shiny, and ma skin was glowin. Ah must smell different too. Ah got washed staundin at the sink, washin all the stickiness away, dryin masel wi a soft towel. Then went intae the bedroom, put on clean knickers and pulled on a pair of jeans afore ah went tae finish makin the tea.

Ah was gonnae say ah'd spilled sumpn on ma skirt and that's how ah'd got changed but Anne Marie and Jimmy never asked me, never noticed anythin. We just sat there, havin a cuppa tea, watchin the end of the film, then Jimmy left and Anne Marie went tae bed. And ah stayed in the livin room, lookin at the fire.

Ah couldnae get ma heid round it. Ah'd done sumpn ah'd never imagined in a million year, got aff wi somebody ah hardly knew, had it aff on a kitchen flair, then when ah came hame, the two folk that were supposed tae know me better than anybody else never even noticed, just sat there, watchin the TV. That was another thing, how come me and Jimmy could behave as though nothin had happened? We sit watchin TV wi Anne Marie, just like we had for years, and then at the end of the night he just gets up and goes away. As if it's normal. Then the image of David and me filled ma mind. Ah could see us on that flair thegether, feel him, smell him. It wasnae the same, no now.

Ah woke next mornin, in the middle of a dream; no a

scary wan, just weird. There was this pool of green water, bright green it was, unnatural lookin, and ah was tryin tae get across. It looked shallow enough but when ah put ma foot doon ah started sinkin then jumped across tae the next bit. As long as ah kept jumpin ah wouldnae fall too far but if ah let masel stop ah knew ah'd go right intae it. And it wasnae like sinkin intae mud, it was cauld and icy. There was somebody waitin for me on the other side, a man; ah think it was Jimmy but it didnae really look like him. When ah woke up ah was still far away fae him and the safety of the other side.

It was five o'clock in the mornin but ah didnae want tae go back tae sleep in case the dream started again. It wisnae the most frightenin dream ah'd ever had but it was confusin. Usually if ah have a dream it's dead obvious what it means, but this. Ah leaned back on the pillows, shut ma eyes and the feelin came back tae me; the cauld of the water beneath ma feet, the panic as ah started tae sink and the relief as ah sprung up oot the water, the green castin an eerie light all round the sky and this dark, shadowy figure waitin for me on a rock on the other side. Ah just couldnae figure it oot.

Ah could feel ma body's tiredness seepin through, and as the tiredness started tae relax me, ah remembered last night. Warmth, spreadin through the inside of me, a nice soft warmth. Actually ah'd no felt that last night at all, it was all too quick and sharp and desperate the way it happened. We'd nae time tae lie thegether, feel the efterwards. And last night when ah came hame ah was too hyped up, too tired. But noo, lyin in ma bed ah remembered him, started tae imagine whit it would be like for us tae be thegether, take wer time.

When Jimmy and me stopped daein it at first it was awful;

ah felt as if ah was climbin the walls, but then ah accepted it, and ma body seemed tae get used tae it. But last night showed me how much ah'd been missin, no just the closeness, the lovin, but the physical bit.

Ah still couldnae unnerstaund how it had happened that way. Ah liked David – he was nice – but ah didnae really know him, so how come ah found masel on a flair wi him, couldnae even wait tae we got somewhere private tae dae it? Ah lay still, till the dawn started tae show through the curtains, then fell asleep.

Next day Nikki phoned. 'So, what's all this wi you and David, then?'

'Ah'll just take it in the other room. The TV's a bit loud.' Ah moved the phone intae the bedroom and spoke quietly intae it. 'Nikki, ah cannae really talk the now – Anne Marie's here.'

'Does this mean ah'll need tae wait tae the morra for the gory details? Ah don't know whit yous were up tae last night but you should of seen Alan's face when he came back in.'

'Aye, well . . . how did you get on last night? You looked as if you were gettin on fine wi Alan.'

'Ah don't know – he's supposed tae phone me this week. He's OK. No ma type really. Look, we'll need tae have a really good blether the morra. D'you think auld Anderson would let us take wer lunch break thegether the morra?'

'Nae chance on a Monday. Mibbe we could go for a quick coffee efter work?'

'Right, see you then. And it better no be too quick – ah want tae know everythin.'

*　　*　　*

'Right – spill the beans.' Nikki settled doon intae the big leather settee and turned tae face me.

'Ah don't really have much tae tell you.'

'Aw, c'mon.'

'Naw really. Ah mean we got aff wi each other . . .'

'You don't say? C'mon – get tae the nitty gritty.'

Ah looked at her, no very sure whit she meant. Did she expect me tae gie her a blow-by-blow account? Nikki and me had been workin thegether for a few month and ah liked her but we didnae really know each other that well. Ah wasnae used tae this – it was like bein a teenager again.

'D'you mean?'

She lifted her coffee and took a sip. 'Well, ah presume yous werenae washin up in the kitchen.'

Ah smiled. 'Cleanin the flair, actually.'

'You dirty wee bisom, you.' Nikki poked me in the airm wi her finger.

Ah stirred the coffee, mixin in the froth, then took a sip.

'When are you seein him again?'

'Ah'm gaun round tae his flat on Friday – he mailed me the day.'

'There you go. He's dead keen on you – you could tell.'

'How?'

'Just the way he was lookin at you. He's gorgeous, you lucky girl.'

'Nikki, can ah ask you a favour?'

'Sure.'

'Ah'd rather you didnae say anythin aboot this just noo. Ah mean, ah don't know what is gonnae happen, mibbe nothin . . .'

'Away you go . . .'

'But, well, wi things the way they are between me and Jimmy, ah don't really want it tae be public just yet.'

'But yous are separated, aren't you? Ah mean he went aff tae live in that Centre.'

'Ah know.'

'You've got a right tae go oot and enjoy yersel.'

'Ah know, but it's Anne Marie . . . ah'm worried it might upset her. If it doesnae come tae anythin it's no worth her gettin upset aboot it.'

'And if it does?'

'Ah need tae find the right time tae tell her.'

Anne Marie

FOR DAYS EFTER ma granny's funeral ah couldnae get it
oot ma heid. '*Salve Regina*'. Roond and roond like an itch
that's unbearable till you scratch it. Ah had tae sing it or it
was in ma heid drivin me daft. So ah sang it in the shower
and in ma room and sometimes even found masel singin it
oot loud when other folk were around. On the Saturday
efter the funeral ah was round at Nisha's, lookin oot her
bedroom windae and ah never even realised ah was daein
it, then Nisha says, 'It's funny, that song has been going
through my mind all the time too, ever since you sang it
at the funeral. It's really hauntin.'

'Aye, it's on ma mind all the time.'

'It's a beautiful song. Will you teach me it?'

Ah went through it line by line, and Nisha sang it back.

Then we done it thegether, slowly.

'What does it mean?'

'Hail, holy queen, mother of mercy, hail, our life, our sweetness and our hope.'

'Sounds better in Latin.'

'Aye, it does. Ma granny taught it tae me. She used tae say everythin was better in Latin – in the auld days they used tae say the whole Mass in Latin.'

'Everything was better in the old days according to my mum. Unless it's out of Marks's, of course.'

Nisha started lookin through her CDs. 'You know, we could dae some nice harmonies on it.'

'What?'

'"*Salve Regina*". You sing it straight, OK?'

Ah sang it straight through and Nisha harmonised, repeatin '*salve*' and '*Regina*' gaun up and doon the scales, tryin it oot different ways. And some bits of it worked and some didnae but when we'd finished we just kind of looked at each other, no sayin anythin.

Then Nisha spoke. 'Hey, we just made up a song.'

'Ah guess.'

'Anne Marie, did you see *Freeplay* last week?'

'Naw, cannae staund thon guy that presents it.'

'Ah know – he's a complete prat – it's just, last week they announced this CD competition, and ah've been thinkin aboot it all week.'

'You never said.'

'Well, wi your gran and . . . anyway, ah couldnae really figure out how we would dae it.'

'But what is it?'

'Ah taped it – let's go through and watch it. He explains it all.'

The programme was wanny they magazine type things for teenagers – the presenter was a right eejit and ah never usually watched it. There he was sittin on his beanbag wi a crowd a kids planted round him and he was sayin, 'That's almost it for now. But before we go I'll run through the rules of the competition again. CDs must be produced on a home computer, not in a professional recording studio. The main singers or musicians must be under sixteen years old on the 31st May, though you can sample tracks from other places, subject to copyright restrictions.

'And remember, don't worry if the quality of the recording isn't great. We're more interested in the quality of the music and performance. The ten winning entries will be professionally recorded and released on a CD and the overall winner will also be released as a single. So get busy – entries must be sent in to arrive by the 31st May.'

As the credits rolled up ah sat starin at the screen

'What do you think?' said Nisha.

Ah sat for a minute, tryin tae think it oot. Then ah said, 'Know how Gurpreet mixes his stuff fae all different records and samples and that? D'you think if we worked on this, mibbe added different bits, he could mix up a track for us?'

'Don't see why not. We'd just have tae convince him it was worth his while. But a competition like this could be a big break for him too. Ah know he really likes your voice, and even though he'd never admit it cos ah'm his sister, he likes mines too.'

'Wouldn't it be brilliant though?' Ah looked at the cover of a Madonna CD. There she was lookin straight intae the camera, so cool. Wan day that could be me and Nisha.

'What else could we put with it?' said Nisha. 'Ah mean

"*Salve Regina*" could be the main part but we'd need tae build up loads a different layers.'

'How does Gurpreet dae it? Just listens tae lots of tracks?'

'Aye, and sometimes he samples in words and phrases in Punjabi ower the top.'

'Mibbe we should just start listenin tae CDs and see what we think might work. It's a pity we cannae use Gurpreet's equipment.'

'Don't even whisper that . . . let's get started, look through these CDs. If we've a clear idea tae put to Gurpreet he's mair likely tae take notice. If we just go tae him and say we want tae make a track it'll be "daft wee lassies, bug off."'

But it was a lot harder than you'd think. When you hear these folk like Fat Boy Slim daein their stuff it sounds dead easy, stickin bits and pieces fae other singers' records all thegether wi a backin track aff a computer and makin loads a money. Ma daddy used tae go on aboot it when we were watchin the TV. 'Would you look at the state of it? Winnin awards for stealin other folk's work and muckin it aboot. And they used tae say punk rockers couldnae play their instruments!'

But when you sit and listen tae music and try and work oot which bits might go thegether and how you'd organise them, well it doesnae seem that easy after all. We sat and listened tae Nisha's CDs maist of the efternoon and came up wi nothin, then ah went hame and played all ma favourites and got nowhere. But the next day, flickin through the rack, ah came across the CD of Tibetan chants ah'd gied ma daddy for Christmas. He'd made a tape of it for his Walkman but he'd left the CD here since he'd nae CD player at the Centre. Ah held it in ma haund, lookin at the cover of snow-capped mountains for a moment, then pulled it oot of the case and stuck it in the machine. And there it was, just like the chantin ah'd heard the lamas dae that night they prayed for ma granny. Deep harsh sounds, way back in their throats, as if they came fae down, down in the centre of the earth.

On Monday at school, Nisha tellt me she'd spoken tae Gurpreet. 'He's dead keen aboot it. Wants tae get thegether wi us next Saturday.'

'Cool.'

'Only thing is we'll need tae watch for him takin ower.'

'How d'you mean?'

'Ah was thinkin aboot it last night efter ah'd spoke tae him. He started gaun on aboot all the ideas he had and how he could use our voices and, well, it kind of started soundin as if it was his CD, no ours.'

'So whit dae we dae?'

'We need tae make sure that we've got wer ain ideas sorted afore we get thegether wi him – we should put him off for a few weeks. If we go in wi a couple of rough ideas he'll just take over. Ah know Gurpreet. Most of the time he's so laid back he's practically horizontal, but when it comes tae music he just goes for it.'

Ah knew whit she meant. Ah'd seen Gurpreet often enough round at Nisha's house, lazin aboot on the couch, remote in wan haund, bottle of Beck's in the other. He looked as if a bomb wouldnae shift him. But the Gurpreet ah'd seen thon karaoke night – the difference was unreal. It was like watchin a cat that's stalkin its prey; all that energy concentrated in its body, every whisker and piece of fur alive wi it. If Gurpreet took over we wouldnae get a look in.

'Nisha, d'you want tae come round tae ma bit wan night this week and we'll try and work sumpn oot afore we see Gurpreet? Ah've got an idea.'

'Cool. When?'

'Wednesday? You could come round tae mines for your tea.'

When ah played the Tibetan chants tae Nisha she just looked at me. For a minute ah thought she didnae like it but then she said, 'Awesome,' and a big grin spread across her face.

Ah smiled too. That was it. We'd found it.

Course that wasnae it at all. That was just the start. We had the base line of the chantin and the 'Salve Regina', but that wasnae enough tae make a whole track. In the end it took us ages and ages and for a lot of the time ah felt we werenae gaun anywhere at all. The funny thing was that right fae that first day ah felt ah could hear the whole song in ma heid, how it was gonnae sound, but it was like a dream that's just started tae slip away fae you when you wake; ah couldnae access it.

It didnae help that me and Nisha had nae real musical trainin. We could sing but couldnae play any instruments. And it'd probably of been easier if we'd let Gurpreet help us right fae the start, but Nisha was definitely agin that.

'We cannae let him in on this till we get a good idea of what we want. Or it won't be ours.'

Ah knew she was right but it didnae make it any easier. Here we were sittin in ma bedroom wi wan CD of monks chantin and a Latin hymn ah knew by heart – less than two month fae noo we were gonnae submit a recording tae a TV programme.

'How are we gonnae dae it wioot him though?'

Nisha looked through ma CDs and picked oot wan by Fat Boy Slim.

'What's the best track on this?'

'"Right Here, Right Now".'

'OK – we're gonnae work out how he does it.'

If we listened tae it wan time we listened tae it fifty, sixty times.

'Opening – he's got this really solid base track and he lets it repeat a couple of times then he has the voice over it for just a phrase repeated a couple of times, then back again. So . . .'

'We could have the chants startin aff then bring in a voice.' Nisha started singin '*salve*', playin aboot wi different notes. 'No, no, this isnae right, but get the idea?'

'Aye. Then back tae the chants again afore the actual melody comes in.'

And so we went on and on, tryin tae work oot a structure, thinkin aboot how we could make different layers in it. The problem was we'd nae way of hearin how it sounded thegether. We could sing ower the Tibetan chants but we didnae have the equipment tae record our singin on tap of them. And sometimes somethin started tae sound good but we couldnae exactly remember how it went.

When Gurpreet came for Nisha at nine o'clock we were shattered.

'At least it's a start,' said Nisha. 'See you the morra.'

'So,' says Nisha, 'have you asked your da yet?'

'Ma da?'

'Aye – it'd be easier for him tae contact the lamas, wouldn't it?'

We were staundin just ootside the main door, waitin for the bell tae ring. Ah didnae have a scooby what Nisha was on aboot and ah hated talkin aboot the lamas at school in case anybody overheard us.

'How d'you mean?'

She waved her haunds in fronty ma face.

'Hello, is there anybody there? Tae ask them tae chant for oor CD.'

'Ah thought we were gonnae take it aff the CD ah bought for ma da.'

'We cannae – it'll be copyright. Even if we could get permission it'd be dead complicated and take ages. It'd be a lot easier tae ask them tae dae it. We don't need much – Gurpreet can sample it. Give him something tae dae while we work on the other parts.'

'OK.'

The bell rang and everyone started tae heid aff. As we split on the first flair, Nisha said, 'Anyway, if the lamas dae it, they'll be Scottish Tibetan chants.'

All mornin ah couldnae think of anythin else. Ah just didnae want tae ask ma da, didnae want tae get him involved in it. Couldnae figure oot why, ah mean, he wasnae gonnae be like Gurpreet tryin tae take over. It was just, somehow ah couldnae be bothered wi him askin a lot of questions and makin a big fuss – ah wanted tae wait till it was all done afore he heard it.

But ah couldnae work oot any other way tae dae it so that night ah said, 'Da, Gurpreet wants tae record the lamas prayin.'

'Is he thinkin a turnin intae a Buddhist then?'

'Da, you've got a wan-track mind. Naw, just wants tae sample the chants on a record. Can you ask them if they'd dae it? He could go round tae the Centre and record them.'

'Aye, hen, nae bother.'

Efter that Nisha and me spent almost every spare minute we had workin on it. If we werenae actually singin or lookin through CDs tae find ideas we were talkin or thinkin aboot it. Nisha was deadly serious. Ah'd never seen her like this afore. Usually when we were thegether we were always laughin and cairryin on, but this was different. It was brilliant – actually it was the maist fun ah'd ever had – but it was hard work too. You'd tae concentrate that hard tae haud it in yer heid, all the ideas. But even if we were tired and fed up we kept gaun. Nisha kept us gaun.

And it helped take ma mind aff ma granny. Ah was really really missin her. It was dead strange that she wasnae there any mair – ah'd been that used tae gaun round tae her hoose whenever ah felt like it. She was just always there, always the same. Even if ma ma an da werenae gettin on or ah was pissed aboot sumpn at school, there was ma granny, always glad tae see me, get the kettle on, have a chocolate biscuit. And noo she's no here any mair.

The only person ah could talk to aboot it was Nisha.

'It's weird the way that naebody talks aboot her noo – you'd think she'd never existed. We don't even have her photo up.'

There was a big photie of her da hangin under the photos of the Gurus in their livin room.

'My ma won't even take my dad's name off the buzzer on the close – says it's still his household.'

'Ma granny's hoose isnae even hers noo. Mammy cleared it oot last week and handed in the keys.'

'Suppose she had to, though.'

'Ah know – ah just wished she'd of let me help her wi it but she just done it hersel. And ma daddy said, "It's no a job for you, hen." But ah think it would of made me feel better somehow.'

Liz

HE STAYED IN a flat up Wilton Street, the end nearer Queen Margaret Drive. A lot of the tenements round here have been stone-cleaned and done up, but this hadnae. Weeds filled gaps in the steps leadin up tae a close that smelled of cat pee and there was nae door entry system. Ah climbed tae the tap flair. On the door there was a bit of paper wi five names stuck on it, includin David's.

Ma stomach was churnin as ah rang the bell. Through the bubble-glass panel in the door ah could see him comin, hear his feet paddin across the flair. When he opened it wi a big smile for me ah couldnae speak for a moment. He'd just washed his hair and it was still damp, curlin round his face, makin him look even younger. He'd on an auld perra jeans and a big baggy shirt, and was in his stockin soles. Ah'd taken ages tae get ready and felt a bit daft, overdressed in a short skirt and kitten heel shoes.

'Come on in.'

'Hi.'

He pulled me towards him and ah smelled his aftershave, that vanilla scent again, though it didnae feel as if he'd shaved, his cheek rough against mines. Ah kind of hauf-kissed him on the cheek. It's weird, he felt that wee and slight compared wi Jimmy.

'Come intae the kitchen.'

A huge hall wi loads of doors leadin aff it. Ah followed him intae a big room at the back. Under the windae was a sink and a guddle of dishes waitin tae be dried and in the centre of the room was a wooden table, littered wi papers, hauf-drunk mugs of tea and an ashtray overflowin wi douts. Faint smell a dope in the air. Claes hangin fae the pulley dripped on the flair. Whoever'd done a washin hadnae bothered tae wring them oot properly. Ah listened tae the drip, drip and looked at the puddles buildin up underneath them on a pile of newspapers spread oot, presumably tae catch the watter.

He was watchin me lookin round. Ah haunded him the bottle of wine and he took the wrappin paper aff it.

'Ah'll find you a glass. Ah did mean tae clear up a bit but ah thought ah'd better get the dinner on first.' He pointed tae a big pot on tap of the cooker; the flames of the gas ring, leppin high, a black mark all round the bottom of the pot.

'Ah'm impressed. What are you makin?'

'Just a veggie sauce – ah'll make some pasta tae go wi it.'

'Are you veggie then?'

'No me, ah'd gie ma life for a big plate a mince and tatties – it's just cheaper.'

He lifted two glasses fae the drainin board and put them

on the table. 'Ah'd dry them but ah don't think there's a clean tea towel in the place.' He opened the bottle of wine and poured it oot.

He raised his glass.

'Cheers.'

'Cheers.'

'Christ, what a useless host. Look, sit doon and ah'll clear this mess up.'

Ah perched on the edge of a chair while he moved the papers and stuck them in a corner, then started tae wash the cups.

'Want a haund?'

'Naw, don't be daft, you sit there and look gorgeous – ah'll just be a minute.'

The ashtray was still in the middle of the table. He chucked the ash intae the bin and put it in the washin up bowl alang wi the dishes.

'Right, ah'll just gie this table a wipe.'

As he drew closer he kissed me below ma ear, just a soft brush of his lips.

'You're lookin awful serious. You OK?'

'Aye, ah'm fine.'

A big guy wi dyed blonde hair appeared at the door of the kitchen. 'Dave, I'm off to the pub. Oh, sorry . . . hi.'

'Hi,' ah says.

'Richard, this is Liz.'

He waved. 'Hi, Liz. Didn't realise you had company. You coming to the pub with us?'

'Quiet night in.'

'Nice. Maybe see you later. Steve been in yet?'

'No idea.'

'OK. Well, enjoy yourselves. Bye.'

'Bye.'

'That your flatmate then?'

'One of them. Steve's oot. Susie and Fraser are away for the weekend. Julie lives here in theory but spends that much time round at her boyfriend's that we don't see much of her.'

He poured bilin water fae the kettle intae a pot and lit the gas under it. Afore he put the match in the bin he stuck it intae the washin up water; it made a faint noise like a sigh.

'Tagliatelle or fusilli?'

'Ah'm no fussy.'

'Ah know that or you wouldnae be here wi me but what kind of pasta dae you want?'

'Tagliatelle, please.'

'Refill?'

'Thanks.'

Ah hadnae realised ah was drinkin it that quickly. Better slow doon or ah'd be pissed afore the food was ready. Ah took a sip, put ma glass doon on the table next tae his, which was still nearly full. He chucked haundfuls of pasta in the pan. 'Ten minutes and we can eat. Hungry?'

'Aye.'

'Me too.'

He came tae the back of ma chair and put his airms round me, startin tae kiss the back of ma neck, soft wee kisses that found their way round ma hairline behind ma ears. And the feelin started gradually, just a warmth tinglin round ma neck and ma shoulders, then all of a sudden it was fierce and stabbin. Ah stood up and faced him, then wer airms were round each other and we were kissin, tongues in each others mooths and hauf way doon wer throats, could hardly breathe. Ma haunds were under his jumper, grabbin at the flesh, ma nails scrapin his back and his breath was gettin faster, then he pushed me away.

'No here – no on the flair this time,' and he led me through intae his room, onto his bed. And ah thought, if ah thought anythin at all, that it would be like the last time, hard and sharp and fast, but efter the first few moments when we were grabbin at each other and pullin aff claes, once he got inside me, suddenly it slowed doon; the jaggy edges blurred and a haze of feelin washed ower me. Ah opened ma mouth tae speak but no sound came oot, just breaths comin and goin like waves, like a big ocean, a giant pulse. It was like when you're exhausted and floatin aff intae sleep – but ah wasnae sleepin, felt as if ah knew everything that was happenin, everythin he was daein, but fae a different perspective, as though ah was him inside me, inside ma ain body. Then it stopped, and ah was just there, quiet inside and oot, as if ah'd been wrapped in cotton wool and laid oot on a cloud.

Ah don't know how long we lay there in silence, side by side. Only a few minutes likely, but it seemed ages. Then he rolled over and kissed ma mouth.

'You OK?'

'Ah don't think that's quite the right word. Ah think ah just died and went tae Heaven.'

'First time ah've been mistaken for an angel.'

'Must be cause you washed thon halo of yours.' Ah ran ma fingers through his hair, which was dry now, soft and fine.

'That's it. And ah polished ma wings too. Christ . . .'

'What?'

'The pasta'll have boiled dry.'

'Fuck the pasta.'

'No ma type, tagliatelle. Now if you'd picked fusilli . . .'

The fuzzy feelin disappeared as fast as it had come and

ah could feel the energy rise in me. 'Ah'm starvin. Come on – up.'

'Again? God you're insatiable, woman.'

'Just hungry – for food.'

'OK, ah'm on the case. Intae that kitchen.'

When ah was about tae leave, David said, 'When d'you want tae meet? Whit aboot the morra night or is that too soon for your amazin social diary?'

'Ah don't really like tae be oot two nights in a row . . . need tae spend some time wi Anne Marie.'

'Is she no oot clubbin oan a Saturday night these days?'

'She's only twelve.'

'Twelve? Ma wee cousin's twelve and you should see her . . . dyed hair, pierced belly button, goes oot hauf naked. She's got a better social life than me.'

'Anne Marie's no that kind of twelve, though she is growin up fast right enough. It'll no be long afore all ah'll be daein on Saturday nights is ferryin her aboot.'

'Still that's wan benefit of havin yer weans young though, isn't it? You're still young enough tae enjoy yersel when they've grown up.'

'Suppose so. Never really though of it that way.'

'Anyway, let's make a date . . . fancy gaun tae the pictures on Tuesday?'

'The pictures?'

'D'you no like the pictures?'

'Ah love the pictures, it's just . . .'

'Ah get it, you cannae bear the thought of keepin yer haunds aff ma body for that long . . . you are insatiable, woman.' He put his airms round me and started kissin ma neck. 'Thank God.'

He stopped. 'But it doesnae have tae be either or – we could go tae the pictures *and* you could come back here for a night of wild passion as well.'

'It's no that, David. Look, ah've no told Anne Marie yet. And if somebody seen us at the pictures thegether, well.'

'Oh, well, that's me then . . . have tae gie up a date at the GFT for a furtive night of fumblin aboot in the sack wi you. What a drag. But there you go. Right. Whit time's this night of passion then?'

'Ah'll phone you. OK?'

It's funny how you just get used tae things, patterns form afore you know it. That first night at David's seemed dead strange but efter a few weeks it felt natural to be there. Ah'd go round tae his hoose on a Friday night while Jimmy and Anne Marie watched a video thegether; the first week ah said ah was seein Nikki and efter that it was just kind of assumed. Naebody even asked me whit ah was daein.

It's the details of those first few weeks wi David that keep comin back tae me. His room had a kind of yellowy light; it faced west and the last rays of the sun trailed in through the smeared windae panes. It was strange the way ah never minded the grubbiness of everythin. We'd lie in bed, talkin or no talkin, and ah'd watch the dust lit up in a sunbeam, the tangled-up socks in a corner of the room and just notice the way the colours blended intae each other. At hame ah couldnae of done that, ah'd of been oot ma seat cleanin the place up, but here it was time out. Ah drank tea fae stained mugs and ate ma dinner aff plates wi patterns of fine cracks on them and never said a word.

We spent maist of the time in his room. Just wanted tae keep touchin, feel the closeness; the smell of him. Ah used tae smell of him efterwards, didnae wash him aff when ah went hame, would wake the next mornin alone in ma ain bed, smellin of him. When ah was wi him ah felt at peace. When we made love, ah felt as if ah was on another planet. It was just, ah don't know.

We never talked that much in his room, it was as if we didnae need words, just bein thegether, but we'd meet for lunch a couple of times a week and then we couldnae stop talkin – ah'd never talked tae anybody aboot hauf the things ah did wi David. Wan day when ah'd went back tae the office efter bein wi him, Nikki turned tae me and said, 'It must be love.'

'What?'

'You and David. Ah'm no kiddin, you should see your face – it's aw lit up.'

Ah shook ma heid and opened the folder on ma desk. 'Away you go.'

Ah'd meant tae tell Anne Marie, ah wanted tae, but somehow ah couldnae. Every time we were thegether, mibbe daein the dishes or watchin the TV, and ah'd be aboot tae speak when sumpn stopped me. Anne Marie seemed that happy the now, gettin on well at school and spendin every spare minute wi Nisha, and ah couldnae bear tae spoil it. Ah knew she was upset aboot her granny but she seemed tae be gettin ower it fine and ah just didnae want tae stir things up. It was if ah'd put David intae a compartment in ma life, shoved him away in a drawer when ah wisnae wi him. Ah kept thinkin that the right time would come and ah'd know when it was.

Ah wisht ah'd somebody tae talk to but only Nikki knew, and she couldnae see whit the problem was.

'Why don't you just sit her doon and tell her?'

'Ah don't know. Ah'm scared ah'll upset her.'

'It's hardly a big deal these days. Anyway, you and Jimmy have been separated for a while noo . . .'

'Four month. It's no long, Nikki.'

'Aye, but he left you, didn't he? Went aff tae stay in that Centre?'

'Suppose so.'

'So you've a right tae enjoy yersel. Look, Anne Marie's a big girl noo – sensible too. She'll probably be glad you've got someone else.'

Ah didnae say anythin. The trouble was that Nikki didnae have any weans of her ain so she didnae really unnerstaund. Ah knew whit ah was daein wis wrang, and stupit as well, for it would be a lot worse if she found oot, but ah couldnae help masel. Ah'd nae idea how she'd react, and couldnae bear the thought that she might look at me wi disapproval, contempt even.

But ah couldnae bear tae gie him up either. Ah didnae know whit ah felt for him, if it was love or lust, friendship or whit, but when we were thegether there was a peacefulness ah never felt anywhere else, that seemed tae colour everythin.

But it couldnae go on like this.

'Liz, when are you gonnae stay here the night insteidy gettin up and goin away hame?'

'Ah don't know. Ah thought you'd be glad tae have the bed tae yersel. It's no exactly built for two.'

'We could sleep in Fraser and Susie's bed next weekend, they'll be away. It's king-sized. Ah'd even change the sheets for you.'

'Thanks. What have I done tae deserve this?'

'So is it a date?'

'Ah'll need tae check.'

'Surely Jimmy would stay ower wi Anne Marie for wan night.'

'Ah'm sure he would.'

He scratched the back of his neck, frowned. Ah pulled ma top over ma heid.

'Liz, he does know, doesn't he?'

'Naw, no yet.'

'But Anne Marie does, right?'

Ah shook ma heid.

'Liz . . .'

'Ah'm gonnae tell them, ah just, ah've no managed tae find the right moment.'

He turned on his side and faced the wall. 'Well, when you dae, let me know, will you?'

'David, don't be like that. It's no easy.'

'It's no easy for me either. Did that never occur tae you?'

'How d'you mean?'

'We never get tae dae anythin thegether.'

'Ah thought we did plenty.'

'Ah'm just a sex toy tae you – oh well, should be used tae it by noo. Women are always flingin theirselves on me, efter ma body.'

'That's it.'

He sat up and put his airm round me. 'Liz, ah like you, ah really like you a lot. Ah think we could be good thegether, but ah'm gettin a bit sick of a part-time relationship. Ah want us tae go oot thegether withoot you lookin round tae see who's watchin us. Ah want tae walk doon a road and put ma airm round you, go tae the movies wi you. Ah want you tae stay the night wi me. Look, ah even want tae meet Anne Marie – she's your daughter, she's part of you.'

Ah didnae know whit tae say. Ah suppose ah'd no really thought aboot his side of it afore, just assumed he was gettin everythin he wanted.

'Ah'm sorry, ah will speak tae her.'

'Afore next week?'

'OK.'

'Liz, ah know it's no easy, but ah don't want tae go on like this, and if you're no gonnae tell her ah'd raither get oot afore it gets too heavy, OK?'

We kissed, and he stroked ma hair and ah went aff, and it was like every other time ah'd left him in his room, in the darkness, and went oot intae the dull light of the close. But it wasnae, for there was somethin in the way he turned away fae me as ah left. Just very slightly, probably he never knew he was daein it hissel, but it was there; tellt me he was preparin hissel in case ah didnae tell her, in case he needed tae move away fae me. Ah knew it hadnae happened yet, but ah knew he was capable: if it fell apart, he'd go oot and get pissed, lie in his bed a few nights watchin the light fade while he listened tae the Beta Band; then wan day he'd notice a lassie in the library or in a café or in Iceland daein her messages, and that would be it. Over. And ah knew ah'd need tae make up ma mind whether ah could bear that better than ah could bear the look that might come intae Anne Marie's eyes when ah tellt her.

But ah never got the chance tae make that decision.

It's strange when you look back over your life and try tae see it as if you were somebody else – God, mibbe, lookin at it fae up in the sky. When ah was a wee lassie ah was always imaginin God lookin doon, watchin the thing ah was daein right that minute; eatin a biscuit, learnin tae jump in the ropes wioot missin. When you're a wean that's whit yer life is, just a series of moments. Then as you get aulder it changes somehow, becomes bigger.

When Anne Marie was wee ah can remember her askin 'Is it today?' and me sayin 'It's always today.' That's whit it's like for Jimmy – it drives me daft the way he never seems tae remember that we're gaun oot somewhere or the van needs taxed. Ah'm the right opposite; for me it's never today, it's always the morra. Every night ah look at the calendar and think aboot whit ah've got tae prepare for the morra, or next week. Is there ironin tae be done, any messages tae get, dae ah need tae take sumpn oot the freezer for the morra's dinner?

When ah grew up ah stopped livin fae moment tae moment, always too busy gettin somewhere. Ah wish ah could see ma life spread oot in front of me, as if ah was up in the sky; like an astronaut lookin at a river, seein the start and the middle and the end of it as it flows tae the sea. If ah could of looked at it like that, fae ootside, ah suppose whit happened next was inevitable, though at the time ah was shocked, couldnae unnerstaund how it had happened.

Ah mean, there ah was, checkin we'd enough pasta, that the sell-by date on the yoghurt was long enough tae dae the week's lunches, puttin the date on the calendar when the library books were due back.

So did ah dae it deliberately then? Did ah mean for it tae happen? Ah didnae sit doon and plan it oot, didnae stick holes in the condom or tell him it was safe when it wasnae; in fact, at the time it was the last thing on ma mind. But then whit has yer mind got tae dae wi it?

Anne Marie

MR HENDERSON LED the class up the stair tae the yella door. Ah hung back as everyone piled intae the narrow hallway. Ah was hopin the lamas wouldnae be there, or at least wouldnae recognise me, prayed they'd no say anythin aboot ma da in fronty the others. When Mr Henderson had announced we were gaun on a visit tae the Buddhist Centre as part of wer RE course ah nearly died. Ah even thought of sayin ah was sick but Mammy never lets you stay aff school unless you've a temperature of a hundred and fifty and spots the size of ten pence pieces. Ah'd visions of us walkin in and ma daddy sittin there cross-legged on a cushion in fronty the Buddha. But of course there was no way he'd be there on a Tuesday mornin at ten o'clock – he'd be at his work so ah was probably safe.

Ah still wished ah was invisible as we crowded intae a room wi chairs set oot in rows. It wouldnae of been as bad if Nisha'd been there but she wasnae in ma RE class. Mr Henderson started talkin aboot when the Centre was opened and what it was for and all that. Sammy Rinpoche was staundin at the front beside him.

'The lama is going to take us into the meditation room and go through a meditation with us. We've gone over meditation in class already. Does anyone want to ask him any questions now before we go in?' He looked at Kevin. 'Sensible questions now.'

Angela put up her haund. 'Do yous meditate all the time?'

'Not all the time. We eat and sleep, we watch the TV just like you.'

'D'yous have Sky?' says Kevin.

'I said sensible questions,' says Mr Henderson. 'Are there any more?'

'When did yous come over fae Tibet?' asked Peter.

'We did not come over from Tibet,' says the lama. 'We came from India.'

'Sir, you said they lamas were Tibetan.'

'We are originally from Tibet but we all had to leave our own country when we were very young. We have never been able to go home. When the Chinese took over the government they started to shut down monasteries and many people fled to India. That is where we trained as monks.'

'That's where you come fae in't it, Khalil?' says Kevin.

'Don't be daft, he comes fae Pakistan.'

'Ah do not,' says Khalil. 'Ah come fae Govan.'

'Look, can we stop this – I don't think you have learned much in RE this term, Kevin. I'll need to speak to your parents about extra homework.' He turned to the rest of us. 'Right, let's go through to the meditation room.'

As they all filed in ah held back, thinkin aboot the lamas, havin tae flee their ain country and go tae India tae learn tae be monks, then comin here. And no allowed tae go back. Ah wondered what it was like, Tibet.

In the meditation room the lama was sittin cross-legged on the platform beside the statue of the Buddha.

'Come over here and get some cushions everyone.'

Ah followed the others tae the heap of cushions. Kevin was just in front of me and when he bent over he said, 'Check that, a sleepin bag – that's for me!' He started tae lift ma daddy's sleepin bag and drag it tae the centre of the flair but Mr Henderson seen him and took it aff him.

'Take two cushions, Kevin. You're here to meditate, not kip.'

Ah could feel ma face flush bright red. Didnae know where tae look. Even though naebody could of known it was ma daddy's sleepin bag ah was pure mortified. Ah picked up a couple of foam blocks and turned round.

Then ah seen it. On the opposite wall was a giant mural of the Buddha, sittin cross-legged in meditation wi that wee hauf-smile he always has. The background was rich dark greens and reds and the Buddha had an orange robe. The details of the picture were sketched oot and no all of them had been painted in yet but the effect was amazin. While ah stood lookin at it, Mr Henderson came up behind me. 'Impressive, isn't it?'

'Amazin.'

'It wasn't here the last time I brought a class for a visit. Really brightens up this room.'

*   *   *

Nisha and me went tae the library efter school that day. Ah'd
a project for Geography hamework: pick a country and find
oot all aboot it, dae research and write it up, stick in photies.
And wi ma da stayin wi the lamas and the Tibetan chants
on the CD and all that ah suppose Tibet was the obvious
choice. Nisha's class is daein History the now but she was
gonnae help me surf the Net in the library. But when we
got there the library was mobbed and all the computers
were booked.

'Sorry,' says the wumman at the desk, flickin through her
appointments sheet. 'Friday between 10 a.m. and 11 a.m.,
next Monday at 3 p.m., Tuesday 12 p.m. or 2.30 p.m.?'

'We're at school then.'

'How about a week on Saturday at 10.30 a.m.?'

'OK. Thanks. Can you tell us where the atlases are,
please?'

'Reference section. Upstairs.'

Upstairs they've got big tables you can study at. There
was hardly anybody there, just an auld guy wi a pile of big
books spread out in front of him and a wee wumman fillin
in a form. Nisha and me went over tae the shelf where the
atlases were.

'A week on Saturday – ah cannae believe it.'

'Ah'd ask Gurpreet if we could use his computer, but
you know what he's like.'

'It's OK. Ah need tae look up the maps anyway.'

'What about your mum's computer?'

'Doesnae have an Internet connection. Ma keeps sayin
she's gonnae get a modem but she's just never got round
tae it.'

The auld guy at the table cleared his throat and gied us a
look. Nisha crossed her eyes and made a face at me then sat

doon as far away fae him as possible wi her Maths hamework. Ah pulled oot an atlas, laid it on the table and looked up the list of countries at the front.

'Nisha,' ah whispered. 'Tibet's no in this.'

She scanned the list.

'Tuvalu – where the hell's that?'

'Havenae a scooby. Sounds like a toilet cleaner. Hey, they've even got the Vatican City.'

'That's a country?'

'But Tibet isnae, apparently.'

'Anne Marie, that's it. It's no a country.'

'Aye it is, that's where the lamas come fae.'

'Have you looked under China?'

Ah remembered what the lamas had said aboot their country bein taken over by the Chinese.

Nisha turned tae the back of the atlas. 'Look here it is . . . in the index. Tibet – see Xizang Zizhiqu, China.'

It gied me a shock, seein it like that. Ah'd kind of thought the Chinese werenae supposed tae be there. Last week the Dalai Lama was on the TV talkin tae somebody aboot Britain puttin pressure on China tae leave Tibet. But here it was in the atlas, doon in print.

There was a section at the front wi information and Xizang was in it, under China. Mrs MacBride had gied us a list of things we'd tae find oot and ah copied doon that it had an area of 1,228,400 sq km and a population of 2,280,000. Capital: Lhasa. Status: Autonomous Region. Cannae be that autonomous if they're no allowed tae practise their religion.

'Nisha,' ah whispered. 'They've only got the Chinese flag here – you'd think they'd have wan of their ain.'

'Or a language.'

'Tibetan.'

'No according tae this. Still,' she said, turnin back tae her Maths book. 'Bet you Scotland's no in it either.'

And it wasnae. No as a country anyway, just part of the UK. (Capital: London. Status: Monarchy.) And nae flag either. Or languages of wer ain.

There were all different kinds of maps in the atlas; population density, climate, physical. The wan ah liked best was the wan that showed the shapes of the mountains and the forests, all swirly patterns of brown and green. Ah'd always thought Scotland was a mountainous country but on the map we were nearly all green, and so was India, just under Tibet. The auld guy had packed his stuff and went by noo so ah nudged Nisha's airm.

'Nisha, d'yous still have relatives in India?'

'Cousins, aunties and uncles. Havenae seen any of them for a few years though.'

'Whereaboots in India?'

'About here . . . in the Punjab.' She pointed tae a spot in the northwest of India near the border wi Pakistan. 'That must be an awful wee scale – India's massive compared tae Scotland.'

'Mrs MacBride tellt us that most maps don't show the countries the size they really are – they make Europe bigger and Africa and India smaller.'

'Now there's a surprise.'

Nisha's calculator was lyin on the table. Ah looked back at the information on the countries, and done a few sums. For a minute ah thought ah must of got it wrang so ah repeated it, but got the same answer. Tibet was nearly sixteen times as big as Scotland but there was less than half as many people lived there. Ah thought aboot they big mountain ranges covered in snow and the lamas' chants echoin through them.

Jimmy

WHEN AH OPENED the door Liz was staundin at the mirror, sortin her hair, spikin it up wi gel. She'd on a short red skirt and a denim jaicket. And ah couldnae speak for a minute – she looked pure gorgeous.

She turned round. 'Oh, hi.'

'Hiya.' Ah couldnae look her in the eye – she must of known how ah was feelin. Ah wisht ah could just switch it aff, this feelin – no forever, just for the time bein, tae ah get things sorted in ma heid. But it doesnae work like that. At first when ah decided tae be celibate it didnae bother me – ah felt ah was controllin it, keepin ma mind on other things, but as time's went on it keeps comin back. And the past few weeks Liz has been gaun oot mair, all dressed up, and it just seems dead strange, gettin harder and harder. Literally.

Liz opened the door of the livin room. 'See you later, Anne Marie.'

'Right, Ma.'

'Ah'll no be too late, Jimmy.'

'Nae bother.'

Anne Marie was laid oot on the couch, remote in wan haund.

'Hi, hen. Heard yous were up at the Centre this week.'

'Aye, Da. The RE teacher took us.'

She got aff the couch and started tae rummle through a pile of tapes.

'Seen yer mural, Da.'

'Oh, aye.'

'Thought it was brilliant.'

'It's no finished yet.'

'Ah know – but it's cool, it really is.' She pulled oot a tape fae its case. 'Didnae know you were an artist, Da.'

'Just copyin. But it brightens the place up. In Tibet they'd have dead bright-coloured patterns and all that on the walls.'

Anne Marie sat back doon beside me. 'Couldnae get any good films this week, Da. Thought we could watch this instead – it's aboot Madonna.'

'Jeezo, you've got Madonna on the brain. Oh well, stick it in. Only thing, you'll need tae let me put on a punk rock wan efterwards.'

She made a face. 'Awright, Da. Don't tell me yous had videos in they days?'

Ah'd never watched the programme afore but it was actually dead interesting, aboot how she'd got started and aw the different stages she'd went through. The music wasnae really ma cuppa tea – but Anne Marie was glued tae it, hingin on her every word, every move. Ah thought it was dead weird the way she'd latched ontae her – you'd think she'd of been intae wanny they boy bands at her age. And even though she looks amazin, Madonna's even aulder than me.

'When ah was your age ah only liked dead new stuff. Anythin that was a few year auld was like oot the ark. Anythin a few weeks auld, even.'

'Aye, but Madonna's different. She keeps changin hersel, her image, her music – everythin she does is new. And she's dead young for her age. She's havin another baby as well.'

'Is she?'

'Da, it's been in all the papers and the news and everythin – you'd think you'd been livin in Tibet.'

'Suppose ah might as well be – there's nae TV or anythin in the Centre and ah cannae be bothered wi the papers these days.'

'You need tae get oot mair, Da.'

'Listen tae you. That reminds me – ah was gonnae ask you if you're daein anythin the morra. Ah'm gaun through tae Edinburgh and ah wondered if you wanted tae come. Mind we used tae go and see the castle?'

'Ah'm seein Nisha.'

'She could come as well. Ah've tae go round tae Barbara's but ah'll only be ten minutes there and we'd have the rest of the day tae go somewhere.'

'Barbara?'

'Aye, mind ah painted her hoose last year?'

'Ah mind.'

'She phoned me and asked me tae go round and dae the back room – ah'm gonnae check oot whit she wants and get a key affy her.'

'Why's she givin you a key?'

'So ah can get intae the hoose. She's gaun away on holiday and she wanted me tae paint the room when she's away.'

'Oh.' Anne Marie took the tape oot the machine and replaced it in its case.

Then she looked at me. 'Da, is there sumpn gaun on wi you and this Barbara?'

'Sumpn gaun on – Anne Marie, are you kiddin?'

'Naw, Da, ah'm just askin you.'

'Of course there isnae anythin gaun on – ah'm just daein a job for her.'

Ah felt as if somebdy'd punched me. There was ma wee lassie sittin there, casually askin me if ah was havin an affair. Surely tae God Liz hadnae said anythin. She'd never dae that – and she knew it wasnae true. But mibbe Anne Marie had heard somebody else talkin aboot it – Tricia? That Nikki?

Ah got aff the couch, sat doon on the flair next tae Anne Marie and pit ma airm round her. 'Anne Marie, ah swear tae God there is nothin gaun on between me and Barbara or anybody else. When yer mammy and me split up there was naebody else – we tellt you that.'

'Ah know, Da.'

'Anyway, ah'd hardly be takin you and Nisha through tae Edinburgh for the day if ah was havin an affair.'

'But Charlene said . . .'

'Charlene? You've no been talkin tae her aboot this?'

'Naw, Da. But last year when her da wanted her tae meet his new girlfriend, he tellt Charlene and her wee brother that she was just a friend and she came tae the park wi them and bought ice creams and then went away hame dead casual; then they found oot he'd been livin wi her for months.'

Ah didnae know whit tae say. Felt as if there was a big

lump in ma throat. Wanted tae greet. No just for me and Anne Marie either. It was Charlene and her brother and their da and this wumman, sittin in the park, eatin ice cream. It just seemed pathetic somehow.

It was wanny they days you get in Edinburgh but hardly ever in Glesga; bright blue sky wi white puffy clouds and a sharp breeze blawin. Ah love days like that – it makes you feel alive. Ah felt that happy drivin through, the two lassies sittin up beside me in the van; didnae even mind the racket fae the tapes they played on the way through, some kindy dance stuff that was the same beat over and over and over again. When it finished, ah said, 'Ah take back everythin ah've ever said aboot Madonna. Do yous really like that stuff?'

'Research, Mr McKenna.'

'Research?'

'For the CD, Da. Nisha gets this stuff affy Gurpreet – we're listenin tae everythin the noo, just in case we get mair ideas.'

'Yous might as well listen tae the washin machine as that.'

Nisha laughed. 'Great idea, Mr McKenna – we could sample the spin cycle.'

'How's the CD comin alang then? Yous nearly finished?'

'We've got the basic stuff laid down, but we've still a good way to go.'

'Aye, Nisha keeps changin her mind.'

'Who keeps changin their mind?'

They started gigglin, as if it was some private joke.

'Cannae wait tae hear it. Right, this is Barbara's street here – it'll be a miracle if we get a parkin place but – ah'll mibbe just double park and jump up for a minute – yous comin?'

'Naw, Da, we'll wait in the van.'

Ah could feel ma face burnin as ah rung the doorbell. Even though ah knew there was nothin between me and Barbara, efter whit Anne Marie had said, ah felt as if she was lookin at me different.

'Hello, Jimmy.' Barbara put her airms round me and kissed ma cheek. Thank God the lassies never came up efter all.

'Hiya. Ah'll need tae make this quick, Barbara – ah've got Anne Marie and her pal waitin in the van.'

'You should have brought them up – I'd love to meet them.'

'Double parked.'

'Another time. Right, this is the spare key – the brass one's for the storm door and the inner lock is this one plus the Yale. I'm off tomorrow for two weeks. Do you want to see the room again?'

'Might as well. So's ah know the size.'

It was a square-shaped room at the back of the flat, a lot smaller than the other rooms and it was empty.

'I've moved everything out so you can get on. Can you take down the curtains?'

'Aye, nae bother. What colour were you wantin?'

'Just white – maybe an off white but not too creamy. Something clean and light. No distractions while I'm working.'

'OK. That's easy. Look, ah better get aff.'

'I'll come down with you – say hello to the girls.'

'Hello, you must be Anne Marie – I've heard so much about you.'

'Hiya.'

'And you're . . .'

'This is Nisha.'

'Hi, Nisha. Where are you off to today?'

Ah looked at the girls. 'Dunno, really. We could mibbe go tae the castle. Or just wander aboot.'

'What about going up Arthur's Seat? It's a perfect day for it.'

'Never been up there.'

'You shouldn't miss it. Wonderful view.'

'Right, thanks. OK. Have a nice trip.'

'I will. Nice to meet you, girls.'

Lyin on ma back wi the sun on ma face, eyes shut, listenin tae the girls laughin and bletherin away, ah felt happy. Just happy. Ah'd no felt this happy for a lang time. Just lyin in the sun. Then all of a sudden there was a feelin in the pit of ma stomach like when you're at the shows and you feel the big wheel fallin under you in a rush, like ma insides had been sooked oot of me. Ah opened ma eyes and it was all still there, the sun, the view ower Edinburgh and the hills, Anne Marie and Nisha a coupla foot away, sittin on the grass.

The feelin softened tae a flitter and ah breathed steady and deliberate, tryin tae get through it. Ah looked up at the big sky, clouds close enough tae touch. When Anne Marie was aboot six ah'd painted the ceilin of her room blue wi a pattern of white clouds across it.

'Haw, Da, you asleep?'

'Naw, just daydreamin. Hey, race yous doon the hill?'

'Nae chance, Da, Nisha's a brilliant runner – 400 metres champion.'

'Is that right, Nisha?'

'Aye.'

'You're some kid – singin and runnin.'

'And cartwheels – check this,' said Anne Marie. She turned wan hersel – pretty good, just a wee falter when she landed – then stood aside tae let Nisha go. Nisha flew round dead fast, in a perfect wheel, then another and another, silhouetted against the blue and white sky. Ah clapped.

'Ah'm shattered just watchin yous. Time for ice cream.'

That night, lyin in ma sleepin bag, watchin the light fae the cars spill oot under the curtains and move alang the skirtin board, that was whit kept comin back tae me. Two lassies, turnin cartwheels. And a blue and white sky.

Liz

THE HEAT WOULD of melted you. Sticky, clammy, clingin. And everywhere ah walked seemed tae be up the way. Funny how ah never noticed all these hills afore; no that they're hills really, it's just me; ah feel like a big heavy cow.

Up the steps at Buchanan Street; of course the escalator's no workin and they're all pushin the other way. Pushin, rushin past me, and ah want tae cry oot, 'Watch out, don't dae that. Don't hurt me – can yous no see ah'm pregnant?' But of course they cannae see. Naebody can, there's nothin tae show for it noo. So why dae ah feel so heavy? Even ma footsteps are heavier, ah've slowed doon. And there's a risin feelin in ma throat; it's no sickness, ah've never been sick, wasnae sick wi Anne Marie either, just as if there's somethin in ma mouth, somethin ah cannae swallow.

Ah went tae the doctor's on Monday. Dr Harrison. The wan that came when ma mammy died.

'So when was your last period?'

'10th April.'

'You've done a pregnancy test already?'

'Aye, last week.'

'And it was definitely positive.'

'Uh-huh.'

She started to press the keys on her computer.

'Right then, I'll book you in for a dating scan at the hospital and we can take it from there. Your care will be shared between the hospital and GP so you'll see me for alternate appointments.'

'You're no gonnae dae another test then?'

'No need. The ones you get in the chemist are very accurate now. And you'll be getting a scan soon. You've children already, haven't you, Liz?'

'A daughter. She'll be thirteen in August.'

She looked back through the folder on her desk. Ma medical history. 'I see you've had two miscarriages as well.'

'Aye, six year ago we tried for another baby. Efter the second miscarriage we kind of . . .' Ah stopped.

'Did they investigate the causes at all?'

'Naw, just said it was wanny they things. Leave it a few month and try again.'

'And you never had any problems with your first child?'

'A wee bit spottin, but nothin serious.'

'Well, it probably was just unfortunate that you had the other two miscarriages, but I'm going to book you in for an earlier scan, OK?' She started pressin the keyboard again. 'This Wednesday at 11 a.m. At the Queen Mother's.'

'Thanks. Can you make appointments through the computer then?'

'Yeah, it's great when it works. I'll just take your blood pressure before you go.' She started tae wrap the black cloth round ma airm and pump it up. 'Will your husband be able to go with you to the scan on Wednesday?'

'Ah don't know.' Ah must of looked a bit surprised for she smiled and said, 'You haven't told him yet, have you? This'll be a surprise for him, won't it?'

'Aye, you're right.'

There's loads of folk sittin on the steps outside the Buchanan Galleries but there's no a breath of air. Cannae unnerstaund what they're all daein here. Ah know the sales are on but you'd think on a night like this they'd have somethin better tae dae than go shoppin. Ah wouldnae be here masel if ah didnae have tae get this baby present for Tricia. She had the wean yesterday, two weeks early. Wee lassie. Seven pounds, seven ounces. Roisin.

Wanst ah'd fought ma way through the crowds John Lewis was quite empty and the air conditionin cooled me doon a bit. Sittin in the café wi a cup of tea and a scone ah took oot the two parcels. Wan for baby Roisin, a wee frock as pink and frilly as ah could find. Ah thought it was hideous but Tricia would love it.

And the other. Two wee simmets, bodysuits they call them. Wan cream-coloured wi a bunny rabbit in the middle, the other patterned wi rockin horses and buildin blocks. Neutral colour, boy or girl. Boy or girl? At the scan yesterday it was a wee blurred shape on the screen but even then, even at just six weeks the shape is there, curled up like a fist. The pulse of light is the heartbeat. Like a star blinkin in some faraway galaxy.

Six weeks. And they count the weeks fae the date of your last period so it's no really six, just four. 15th January is the due date. A winter baby. Ah'll get wanny they quilted suits, they're that warm and cosy. The stuff for babies is beautiful now, they never had that many bright colours when Anne Marie was wee. And they make these prams that come apart so you can put the car seat on tae a frame and just wheel it away, easy.

Ah looked round the tearoom. It's huge and there's never many folk in here; too dear probably. The walls are deep yellow and they've paintins all round, bright splashes of colour. Ah've finished ma scone and ah'm still starvin. This is it startin. This is what it was like the last time – funny how you don't forget. Either feelin full and hot and sick or else starvin. The pangs are stabbin at me, no just hungry, like ah could manage tae get hame and eat somethin, but sharp; ah need tae eat right noo. Ah heided back tae the counter for somethin else.

Ah must of sat in the café for ages withoot realisin, for when ah got hame it was hauf-six. Anne Marie was on the phone and barely looked up as ah came in the door. Ah went intae the kitchen and started tae dry the dishes she'd left, emptied the washin machine. A coupla a minutes later she came intae the kitchen.

'Sorry, Anne Marie, never realised the time. Thought ah'd be back ages ago. We'll need tae shift – visitin's at seven. Did you get somethin tae eat?'

'Aye, it's cool, Ma. What did you get for her?'

'A wee frock.'

'Can ah see?' She was in the bag afore ah could say anythin. She pulled the pack oot, made a face, put them back in. 'Yuck.'

'Yer Auntie Tricia'll like it.'

There was a sea of pink round Tricia's bed. Pink balloons tied tae the bedpost, the bed littered wi pink wrappin paper and baby claes and the bedside table hidden by pink cards. John and the three boys stood round Tricia, her sittin up in bed, beamin fae ear tae ear. And beside the bed, in a cot like a plastic box, lay the wean.

'Congratulations, Tricia.' Ah kissed her cheek. 'John.' He gied me a hug. Ah laid the present on the bed and Tricia unwrapped it.

'Thanks, Liz – it's beautiful, in't it, John?' She turned tae me. 'By the way, you just missed Jimmy – he's away five minutes ago.'

Ah didnae reply, just nodded at the cot. 'Can ah have a wee look? Is she sleepin?'

'Aye, typical – sleeps when she's got visitors.'

Ah looked intae the cot. Crumpled wee pink face, keekin out fae the covers.

'Aren't you gorgeous?' Ah put ma finger on her cheek, felt the softness. Anne Marie stood beside me, starin at the wean. Ah put ma airm intae hers.

'How are you feelin, Tricia?'

'Don't ask. Och, but you forget it all, don't you?' She reached over, looked intae the cot. 'Would you look at her? Isn't she her daddy's double?'

When we were gettin intae the car, Anne Marie said, 'OK if ah go round tae Nisha's the night?'

'It's a bit late, Anne Marie. It's hauf-eight the noo.'

'No school the morra, Mum.'

'Ah know, hen, it's no that, it's just you gettin back late at night.'

'Ma, it's broad daylight tae nearly eleven o'clock. Ah can get a bus straight up Maryhill Road.'

'Aye but you'd need tae walk all through they side streets tae get tae the bus stop.'

'Och, Ma.'

'Anne Marie, ah know you're growin up but ah don't want you startin tae run round the streets tae all hours of the night. It's no safe.'

'Ah'm no runnin round the streets – ah'm gaun tae Nisha's – ah've got tae see her aboot the CD – ah've just had an idea. Mammy, it's so nearly there, it's due in next Wednesday, please, Ma?'

'If you're gaun tae Nisha's hoose at night you need tae go when me or your daddy can pick you up. Why don't you just phone Nisha and tell her?'

'It's no the same.'

'Look, ah'll pick you up fae Nisha's hoose another night, ah promise. Ah'm just a bit tired the night and ah've got work the morra.'

Anne Marie shrugged and turned away. She really was becomin a teenager. In a few years she wouldnae need me at all.

The close felt cool and airy efter the clamminess outside. Ah put ma haund on the tiles and let the cold steady me. As ah climbed the stair ah felt a wee niggle of fear brush round ma throat. Last night ah'd tossed and turned all night in the stiflin heat, runnin through all the possible scenes in ma heid as ah tellt him aboot the baby. All the different ways ah could say it. You're gonnae be a daddy. Ah'm pregnant. Ah've been tae the doctor's this week. Ah've got sumpn tae tell you. Could ah make a joke of it? Ah'm up the stick, got a bun in the oven.

And in ma heid he'd always take me in his airms and everythin would be all right. He was over the moon, overjoyed, couldnae wait. Even though it was too soon, a bit messy, we could make it all right. This was always happenin tae folk and they made the best of it. Babies brought you thegether. Jimmy and me had never been as close as we were in the early days wi Anne Marie – he was besotted wi her. Ah could mind us bringin her hame fae the hospital and sittin lookin at her as if she was a precious diamond or somethin.

But there, in the close, pausin at the first-flair landin, ah felt the clamp of fear reachin round ma hert, for the first time. Ah took a deep breath and went on up the stairs.

'Hi.' He put his airms round me and we kissed. Flicker of feelin. 'Come on through tae ma room. Julie's cookin for all her pals the night. Aboot fifty-nine pots on the stove – it's like the Amazonian rainforests in there.'

We sat on his bed.

'Want a glass of wine?'

'No, ah'll no bother. Ah'm a bit too hot actually.'

'What aboot water? Ah've got some fizzy stuff in the fridge.'

'OK.'

He came back a minute later wi a glass of water and a red wine, sat beside me.

'So, is it a quiet night in the night? Or will we go clubbin?'

'Could we mibbe have a wee talk, David?'

'Sure.'

Ah took a deep breath. Nae point in haudin back or thinkin too much.

'David, ah'm pregnant.'

Ah looked hard intae his face but there was nae clue; his eyes were clear and clean lookin, you could of looked through them. He took a sip of his wine, swallowed.

'Well, ah didnae expect this.' He traced his finger along the back of ma haund. 'How do you feel?'

'How d'you mean?'

'Ah mean — is it what you want?'

'David, ah don't think it's exactly how ah'd of planned it, but, aye, of course it's what ah want. Ah've always wanted another baby, just never banked on it happenin like this.'

'Me neither, ah mean, no so soon.'

He was lookin doon, still tracin his finger across the veins of ma haund as if his life depended on it.

'Ah don't know whit tae say.'

'Ah know it's a shock.'

'How did . . . fuck, what a stupid thing tae say, but, ah mean, ah thought we'd been careful.'

'Aye.'

'Still, it's no foolproof.'

'Naw.'

'It's definite?'

'Ah done a test.'

'Right.'

He started tae pick up his claes aff the flair, foldin tee shirts and layin them on a pile on the bed.

'Jesus,' he said.

'What if it's a girl?'

'What?' He looked at me, confused for a moment, then his face took on a hauf-smile that was almost a grimace. 'Ah'm too slow, sorry.'

'Shouldnae joke aboot it.'

He sat doon beside me again. 'Why break the habits of a lifetime? It is a joke anyway, if you look at it. Life's a big joke.'

'How d'you mean?'

'The timin. It's always the timin. Life, ah mean. We always think it's things that happen that are good or bad but it's no that, it's the timin. If things come along at the right time, well, everythin's brilliant – if it's the wrong time, it's a disaster.'

'Sounds like philosophy . . . mibbe you could add it in tae your PhD.'

He took ma haund again. 'It's like us. Ah mean, we're good thegether, brilliant – now if we'd met, let's say two year fae noo. Ah've finished the PhD and got a job, you've divorced Jimmy . . . perfect. Then, efter a couple a year, you get pregnant. When we're ready.'

'But you're no ready.'

'Are you?'

'Ah don't think it's quite the same for a woman. Ah think yer body's always ready for a baby.'

'Oh, come on, Liz. Whatever happened tae a woman's right tae her ain body, tae control her fertility?'

'Well, obviously ah havnae controlled mines very well or else we wouldnae be here.'

He put his heid in his haunds, pushed back his hair.

'Christ, ah'm sorry, Liz. Ah'm an eejit.'

He put his airm round me and pulled me closer. 'How

are you feelin anyway? You OK? Ah never even asked you
if you were feelin sick or anythin?'

'Ah'm OK.'

'And you definitely want tae have the baby?'

'You think ah should get rid of it?'

'Well, obviously it would make life simpler, but it's your
choice. It is wan option though.'

'It's no an option for me.'

'Right. Is it the Catholic thing?'

'Ah don't know . . . ah just . . . couldnae.'

He took his airm away, sat lookin at the flair. 'Liz, ah
don't want you tae think ah'm slidin oot of this, but it's a
bit of a shock. Ah need some time tae think. Can we talk
aboot this the morra?'

'OK.'

'D'you want a coffee or somethin the noo?'

'Naw, better get gaun. Said ah'd pick up Anne Marie fae
Nisha's.' Ah stood up, lifted ma bag. 'David . . .'

'Aye?'

Ah shook ma heid. 'Nothin. Look, ah'll see you the
morra.'

'OK. Seven?'

'Aye.'

He put his airms round me, kissed me. His lips felt soft
and squashy like peaches.

The next day ah went for a walk in the Botanic Gardens.
Passin the time. Another wanny they close heavy days but the
rain was drizzlin so ah went inside the Kibble Palace and sat
on a bench among the big green tangle of plants and trees. A
squirrel was joukin aboot underneath them. A couple walked
by haund in haund. 'It's beautiful in here,' she said.

Ah couldnae see how anybody could call it beautiful. Ah've never liked the greenhooses; tae me they're dead scabby and sad-lookin, and the big plants gie me the creeps. Hate gaun intae the orchid hoose as well, especially on ma ain; always feel as if they're gonnae reach oot and grab at ma airm, take me in underneath the earth somewhere and ah'll never return.

Used tae spend a lot of time wi Anne Marie here, though. Somewhere tae go when it was rainin, somewhere tae come wi a buggy and sit for a while when she was asleep. That's all ahead of me again. Another life.

Ah could hear voices comin closer but couldnae see anyone. A guided tour; posh voice, cairryin loud through the place, ringin oot. 'Now, can anyone tell me the dates when dinosaurs roamed the earth?' Another voice, quieter, couldnae make oot the words. Then her voice again. 'Spot on!'

Must be weans gettin shown round. On and on aboot whit the earth was like when there was nae people, nae plants. Loud and clear, a voice that demanded you listened tae it, you couldnae tune it oot. Confident, they voices, they English voices. Mibbe she wasnae English right enough. Loads of times you thought they were English and they turned oot tae be Scottish but went tae private schools.

Ah got up and walked past where she was staundin wi a crowd of teenagers, Spanish-lookin they were. A wee wumman, dead plain wi black hair cut straight across her forehead, and that voice, clear and harsh as a diamond. 'Sustainable. Sustainable means capable of lasting for . . .' Almost a falter, almost as if she was thinkin it oot, as if she didnae have it all pat. 'Forever.'

Is that what sustainable meant? If you sustained somethin

did that mean it was gonnae last forever? What aboot flowers, plants – did sustainable mean forever or did it just mean for as long as was natural? What aboot me and David? Were we sustainable? Could we last? Were we gonnae make it thegether for this new life growin inside me?

Ah opened the door of his room, stopped and looked round.

'You've been busy.'

All the rubbish that had been lyin round had been cleared up. The books and papers on top of his desk were in neat piles and the door of the wardrobe, that usually lay swingin open, was shut.

'Jeezo, you've even made the bed.' Ah sat doon on it. 'Are you sure it's no you that's pregnant?'

'Mibbe ma hormones are comin oot in sympathy. Want a glass a wine? Or mineral water?'

'Water, please.'

He'd laid oot two glasses, a bottle of wine and wan of mineral water on a coffee table that used tae lie in a corner buried in junk.

He sat across fae me on the armchair.

'So what's brought this on?' ah said.

'Dunno. Efter you tellt me yesterday, ah just found masel tidyin up. Usually when ah'm in here on ma ain ah'm workin or listenin tae music but ah couldnae settle tae anythin. Never meant tae clear up, just found masel daein it, and wanst ah'd started . . .'

'Ah've started so ah'll finish.'

'Sumpn like that. Cannae imagine me keepin it like this, right enough.'

It felt funny sittin opposite him like this. Usually we were lyin doon or sittin on the bed. Usually there was naewhere else tae sit.

'Liz, ah've been thinkin things over – actually ah've been thinkin of nothin else, and . . . well, ah just don't know whit tae say. You know ah really like you, and if we'd time tae see how things developed . . . ah mean it could of worked oot.'

'So you're sayin they cannae work oot noo.'

'Naw, ah'm no sayin that, mibbe they could, ah mean there's whit – seven month tae go – a lot could happen in seven month.'

'A lot will happen in seven month.'

'You know what ah mean . . . between us, the way our relationship could develop.'

Ah sipped the mineral water. It was cauld, oot the fridge.

'Look, what ah think ah'm sayin is ah still don't know, and cannae promise anythin, but ah don't want tae run away.'

'So, what are we gonnae dae then?'

'Well, ah thought mibbe we could go tae counsellin thegether.'

'Counsellin?'

'Aye, ah mean whatever happens it would help us tae come tae terms wi it, help us explore our options.'

'And what d'you think our options are, David?'

'Well, if we're gonnae live thegether, whether we should live apart and share parentin . . .'

'Ah don't think that sharin parentin is an option exactly . . . you've already shared that bit.'

'Ah cannae believe you're bein sarcastic aboot this. Ah'm tryin tae take responsibility.'

'Ah'm sorry, ah just cannae take this counsellin and

parentin stuff. In seven and a hauf month ah'm gonnae have a wean. You may have options aboot whether or no you share the parentin – ah don't. Ah'm its mother.'

He put his wine doon on the table, got up aff the chair and came ower tae me, kneelin in front of me, lookin up at me.

'Liz, gie's a break will you. Ah'm tryin.'

'Ah know you are.'

Ah stroked his hair, pushin it back fae his foreheid, and he buried his face in ma lap. We sat like that for a minute. Then he started tae push ma skirt up wi his heid, the stubble on his chin ticklin ma thighs.

'Hey, this is nice in here.'

He looked up, then went back under, pullin doon ma knickers, lickin round ma hair, his tongue slitherin inside. Then ah moved aff the bed on tae the flair and we done it there, me on ma back and the carpet rough on ma bum, and it was almost like the first time, that fierceness that blocked oot everythin, except it was better cause it went on and on; ah could hear ma voice as if it was an echo far away in the distance, as if it belonged tae someone else.

Efter, we lay on the flair on wer backs, side by side.

'Well, at least we don't need tae worry aboot you gettin pregnant that time.'

'Cats can dae that.'

'What?'

'Get pregnant a second time . . . if they have sex wi different tom cats when they're on heat they can have a litter wi different faithers.' Ah moved round on tae ma side. 'Got any tissues?'

'Here – use this.'

He took a towel oot the drawer and haunded it tae me. Ah wiped masel dry.

'Wan disadvantage.'

'Whit?'

'Of no usin condoms.'

'Right. Sorry, ma brain's fucked the now.'

'Just yer brain?' Ah shivered. 'Is it just ma hormones or is it a bit chilly in here?'

'Well it's no exactly warm. Let's get under the covers and coorie in.'

Lyin there, airms round each other, ah started tae warm up. His heid was buried in ma shoulder and his eyes were closed. 'David?'

'Mmm.'

'Know whit's really strange aboot all this?'

'Whit?'

'Ah cannae believe you tidied this room all up.'

Anne Marie

GURPREET'S DOWNIE COVER was daein ma heid in. A pattern of red and black and grey, all wee circles and squares and squiggly bits. Ah shut ma eyes, tryin tae block it out, but the pattern came back, imprinted on the inside of ma brain. We'd been stuck in here all day yesterday and all day the day, tryin tae get the CD finished. Ah'd thought we were on the last stages and it'd only take a few hours tae get it sorted, but we kept tryin it wan way, then another, changin wee bits till it got tae the point where you could hardly hear the difference.

Nisha and me had been singin '*salve*' back and forward tae each other as if we were talkin.

'Yeah, that's it, Anne Marie,' said Gurpreet.

'Not that one – the one before.' Nisha sang a slightly

different note and pointed at me. Ah sang it back. 'See,' she said.

'Still think the first way's better.'

'It doesnae matter what you think – it's our CD. You need tae dae it our way. Anne Marie, what d'you think?'

Ah'd nae idea any mair.

Nisha's ma poked her heid round the door. 'Nearly finished?'

'You're jokin,' said Nisha.

'You need to take a break. I've made tea and put a snack out for you in the kitchen.'

Nisha's ma's idea of a snack was mair like a three-course meal.

'Ma, we only had lunch about an hour ago.'

'You need to keep your strength up.'

Ootside the kitchen windae the sky was heavy. Ma heid was startin tae ache.

Nisha's ma put mugs of tea on the table. 'How much longer d'you think you'll be?'

'Nae idea,' said Gurpreet. 'These two keep changing their minds.'

'Oh, aye,' said Nisha. 'If you'd just do it our way instead of tryin to change it all the time we'd get on a lot faster.'

'Just giving you the benefit of my experience.' Gurpreet leaned back in his seat, stretchin his airms behind his heid. He knew it would piss Nisha aff.

Nisha muttered somethin in Punjabi under her breath. Then she grabbed ma airm. 'Anne Marie, let's go out for ten minutes. Get some air.'

'We need tae get on. I've a gig the night,' said Gurpreet.

'Don't worry. We'll be back before you've even finished your tea.'

Nisha and me sat on the wee wall at the front of the hoose.

'Ah just had tae get away from him. He's drivin me daft.'

'Makin this CD is drivin me daft. Ah feel as if ma brain's stopped workin.'

'Not long to go. It'll be worth it.'

'Aye. It's just, ah never thought this last bit would be the hardest. Ah thought we'd done maist of it already.'

'Ah know. But we've got to get it perfect.' There was an edge tae Nisha's voice, almost as if she was annoyed at me as well as Gurpreet, and her haunds were clenched tight intae fists.

'It's OK, Nish, we'll get there. We've got time. Thank God it's the holiday weekend. Two mair days.'

'Ah know. Although two mair days of this and ah'll have murdered Gurpreet.' She took ma airm. 'Let's go over tae the swings.'

There was a wee swing park just across fae Nisha's hoose. Usually it was mobbed on a Saturday but it had been rainin and there was only wan wee boy playin on the baby chute, his ma catchin him at the end. The seats of the swings were still wet.

'Got a hanky on you, Nish?'

'Nope. We can stand. Hope Ma's no lookin out the windae.'

Nisha climbed on tae wanny the swings and stood up on the seat.

'Gie's a shove, Anne Marie.'

Ah grabbed the seat and pulled it back as far as ah could, then let it go. Nisha swung backwards and forwards, pushin hersel higher and higher. Ah got on the wan next tae hers and started tae move, a bit wobbly at first — it's hard tae push yersel staundin up — then steadier, intae a rhythm; the rush of the air as ah moved forward, the lurch in ma stomach as ah moved back. The sky was heavy and fulla clouds but there was a brightness behind it, that bright ah had tae shut ma eyes for a minute. Ah kept on swinging wi ma eyes shut, just the creak of the metal chains in ma ears, feelin like a bird, free and light.

Ah slowed doon, then sat on the seat, swayin gently, wan foot tappin the ground. There's a low wall round the swing park and the wee boy was walkin on tap of it, haudin his ma's haund. At the bottom of the wall was a row of empty cans all set oot as if they were in a shop: at night you can look out of Nisha's windae and see folk sittin on the benches drinkin, some of the third-years fae our school.

Nisha stated hummin 'Salve Regina', quietly. Ah looked round at her and she was smilin. She nodded over tae the windae of their hoose. Gurpreet was wavin and pointin tae his watch. She started tae sing, keepin tae the tune, 'I think it's ti-ime for us to go and see Gurpreet. If we do-on't then he will have a flakey.'

'Amen,' ah sang.

Airm in airm, we crossed the road and heided inside.

Liz

THE BLEEDIN STARTED on the Sunday efternoon. Don't know exactly when it started – ah went tae the bathroom and there it was; two red patches on the white of ma knickers, as if ah'd started a period. Ah flushed the toilet and started tae wash ma haunds. Lookin at masel in the mirror ah couldnae see any difference. Ma cheeks were pinker than usual, healthier, and ma eyes were shiny. Ah ran ma wrists under the cauld tap. Mibbe it was nothin, just a bit of spottin like ah'd had wi Anne Marie. It wasnae that heavy.

Ah went back tae the livin room. Anne Marie was round at Nisha's and ah'd been watchin a daft film on the TV, havin a cuppa tea. It was still sittin, hauf drunk, on the coffee table. Ah picked up the phone, dialled the doctor's number.

'The surgery is closed at the moment. Please ring back for appointments between the hours of eight and five-thirty, Monday to Friday. For emergency medical treatment ring 555 0274.'

Ah put doon the phone. Emergency medical treatment. Was ah an emergency? The hospital number was on the wee card they'd gied me when ah went up for a scan.

'Hello, may I help you?'

'Ah'm no sure whit tae dae. Ah'm pregnant and ah've started bleedin. Ah phoned ma ain doctor but there's naebody there.'

'How many weeks?'

'Six, seven.'

'Well, you'd better come in and we'll check you out.'

'It's OK. The heartbeat's there, look.'

The wee pulse of light, like a faraway star.

'You OK?'

'Ah'm fine.'

The probe kept movin across me, slitherin on the jelly; her eyes fixed tae the screen.

'Everything seems fine.' She wiped ma belly dry wi a bit of paper towel.

'What aboot the bleedin?'

'Sometimes there's a bit of spotting early on – it doesn't mean you'll lose the baby.' She turned away and pulled aff her rubber gloves, chucked them in the bin.

'Doctor, ah had sex yesterday.'

'Lucky you.'

She came ower and put her haund on ma airm. 'Sorry, it's been a long day.'

'It's OK.'

'Look, the bleeding would probably have happened any-
way. But maybe it'll make you feel better if you don't make
love till after thirteen weeks. Just to be sure.'

She studied the records in a beige file. 'I see from your
notes that you've had miscarriages before.'

'Aye, two.'

'So, I know this is worrying for you but, really, the
chances are it'll be OK this time. Just take it easy for the
next six weeks till the first trimester is over.'

'OK. Thanks.'

She smiled. 'It'll be fine, you'll see.'

Sittin in the car in the car park a sick feelin washed over
me. Ma face felt hot, even ma ears burned. Ah knew ah'd
need tae eat somethin soon but ah couldnae find the energy
tae move.

Ah rested ma face against the steerin wheel. The feelin
moved up fae the pit of ma stomach again, and at the bottom
of it, just underneath, was fear. It'll be all right, she'd said.
Meanin ah'd have the baby OK, no loss it. But was that what
ah wanted? When ah seen the blood, what had ah really felt?
When ah lay on the couch and she started tae move the probe
across ma belly, watchin the wavery images swirl across the
screen, what did ah want tae hear her say? What would ah
be feelin noo if she'd said, 'Ah'm sorry . . .'

When ah'd had they miscarriages afore, ah just wanted
tae die masel – ah've never felt as bad, especially the second
time. Ah wanted this baby, ah'd wanted another baby for as
long as ah could remember. Ah kept puttin the feelin away
in the back of ma mind but it was always there. And when
the test was positive ah was so happy. Ah knew it was nae
bed a roses – it was a crazy situation – but through it all

was this feelin that ah was pregnant, a new life was growin inside of me and that was enough, that made it all right.

So how come deep inside there was another part of me that was so scared – it was too hard, too complicated. Ah felt sick and heavy, ah wanted someone tae look efter me. And there was naebody. How come when the bleedin started ah never even phoned David tae see if he'd go tae the hospital wi me . . . it had never even crossed ma mind. Ah didnae think of him in that way. He was the baby's faither but ah couldnae see how it would work oot. What would we dae? Where would we stay? And what aboot Anne Marie? Ah wanted another child, but she was ma daughter. Ah had tae think of her too. It was a mess.

Ah could hear the TV fae the livin room. Jimmy was sittin on the couch watchin the footie. He turned doon the sound wi the remote when ah walked in.

'Ah wasnae expectin you.'

'Just came round tae get ma paint – ah left a wee pot of gold paint here last night – have you seen it?'

'Aye, it's in that drawer there.'

'Couldnae see it for lookin. Ah'll need it tae finish ma mural.'

'Oh, aye – Anne Marie was tellin me aboot it. Is she no back yet?'

'She phoned ten minutes ago tae say she was stayin for her tea, she'll be back aboot hauf-seven.'

'Does she want me tae pick her up?'

'Didnae say.' He stood up. 'Want a cuppa tea when ah'm through in the kitchen? You're lookin a bit . . . hingy.'

'Ah'm tired, Jimmy.'

'Ah'll put the kettle on.'

Ah got the paint and put it on the coffee table. There was a catalogue sittin oot. Maternity claes and baby stuff. Ah shoved it it on the shelf underneath.

He came back wi two mugs and a packet of chocolate digestives.

'Thanks.'

He sat doon on the settee beside me. 'Liz, are you OK? You look . . . you just don't look well.'

Ah turned tae look at him. Ah'd no really done that properly for a long time. His hair was damp, pushed away fae his face and there was a faint scent of chlorine aff his skin. He'd been gaun tae the baths maist days since he'd been stayin at the Centre. His face loooked thinner, mair lined, but his eyes looked clearer, younger; Anne Marie's eyes. Every time ah looked in the mirror these days ah thought ma eyes looked aulder.

'Ah went tae the hospital the day.'

He set his tea doon, put his airm round me. The smell of chlorine was stronger and it was that strange tae be close tae him, he felt that different fae David, that solid.

'Liz . . .'

'It's OK, ah'm no ill, it's no . . .'

'Whit?'

'Ah'm pregnant.'

His airm stayed where it was but felt heavy on ma shoulder, like a bit of wood. Ah kept ma eyes on the mantelpiece, where the haunds on the clock moved round; five, ten, fifteen, twenty seconds. It was about an inch off centre and ah wanted tae get up and move it.

'Whose is it?'

Each word came oot as if it was by itsel.

'David. This guy ah've been seein.'

Jimmy moved his airm, turned tae look at me. 'But you never said a word aboot him.'

'Naw, ah know. Ah meant to . . .'

'But . . .'

'When . . . did it happen? When have you been seein him?'

'Friday nights, mostly.'

'When ah was here wi Anne Marie?'

'Aye.'

'How long has it been gaun on?'

'Coupla month. It must of happened right at the start.'

'Christ.'

'Jimmy, ah'm sorry . . . ah . . .'

He stood up. 'Liz, ah cannae talk right noo. Ah need tae get oot of here, OK?'

'Aye.'

'Ah'll talk tae you the morra, right?' He took a few steps towards the door, backin away, still facin me.

'Right. Jimmy . . . don't say anythin tae Anne Marie the now, OK?'

'Aye.'

'Or anybody else. Please. No the now.'

'Ah'll no.'

He opened the livin-room door.

'Jimmy.' Ah lifted the tin of paint and held it oot tae him. 'Don't forget this.'

He took it oot ma haund, stuck it in the pocket of his jaicket. 'Thanks.'

Jimmy

IT WAS QUIET when ah got back tae the Centre. Nae lights on except the wan in the hall, just enough light tae stop you fallin over. Ah shut the door, quietly. Beginnin tae be habit, this, bein quiet. Used tae bang doors behind me, dump ma stuff in the hall, shout 'that's me hame.' Hame. A mattress on the flair in a corner of the prayer room. The prayer room. Ma mural. Ma project. Ma process. The mindfulness of. Breathin. Comin harder and faster noo. Hurtin ma chest. The room dark, shafts a light dart in fae the street, lightin up the shape of the Buddha on the wall opposite. Every night, lyin in ma bed, watchin the Buddha on the wall, watchin him take shape, bit by bit, every night a wee bit mair. The detail; his eyes, closed in meditation, his haunds – ah was that proud of his haunds, thought ah'd really managed tae get them right.

And every day the Rinpoche comin in and lookin, noticin the new wee bits, smilin, pattin me on the shoulder. It had been enough praise just for him tae smile at me wi that smile. Every day, thinkin ah was gettin clearer and clearer, ah knew whit ah was supposed tae be daein. Given up unnerstaundin whit was supposed tae happen, whit it was all aboot, trustin that if ah kept daein ma wee bit, daein ma stuff, then it would all work oot for the best. For us aw.

A wean. No ma wean. Inside her.

A life.

Ah used tae have a life. Never thought aboot it tae ah met the Rinpoche. Just got up in the mornin and got on wi it. Work. Hame. Anne Marie. Liz. The stuff. Then when ah got deeper intae the meditatin and searchin and aw that, ah thought ah was gettin clear, unnerstaundin it mair, but at the bottom somewhere ah suppose ah always thought that wanst ah'd found whitever it was ah was lookin fur, well, ah'd just go back tae ma life, except it would be better cos ah'd be clear aboot it, unnerstaund. Aboot ma life. Aboot life.

But noo there's a new life. Growin inside Liz. And it's got nothin tae dae wi me.

And ah'm sittin on ma erse on a mattress, watchin the Buddha, tryin tae make sense of this wan. The colours changin in the flickerin light, red turnt tae purple, eyes yella, the smile on his face a smirk. Fuck you, Jimmy. Thought you were so fuckin smart, didn't you? Unlockin the secret of the universe. Then ah feel the energy risin up

– the chakras openin, it says in the books – fae ma balls, fae ma erse, heat risin through the centre of ma body. Heat, ma face flushin and ma haunds movin and ah don't think, ah just feel the heat crashin round ma brain, the colours flashin inside ma heid like a lightnin storm. And ah'm in the corner of the room, prizin open the tins a paint and ah lift the first wan up and ah chuck it, watch the red hit the wall and run down in slow motion, big dauds splatterin the Buddha, coverin his face and part of his robes. Then the yella efter it, mixin wi the red, makin orange streaks, runnin doon intae puddles on the flair under it. And ah cannae move fast enough noo, liftin tin efter tin; blue, purple, green, each wan coverin mair and mair of the wall, the colour muddier and messier and filthier tae there's only a wee tin of gold left – just a wee tin for daein the detail at the end, and when ah lift it the hale tin flees oot ma haund, thumps agin the wall, crashin intae the plaster above the Buddha's eye, reboundin across the room tae the opposite corner, where it rolls on its side, forward and back, forward and back, tae it stops, restin in a groove in the floorboards.

Liz

ABOOT NINE O'CLOCK the phone rang.

'Liz?'

'David.'

'How are you?'

'OK. Tired.'

'Liz, ah really think we should talk again.'

Ah was sick of talkin. What was there tae say?

'You there? Liz, are you on holiday the morra?'

'Aye, Queen's birthday, God bless her.'

'D'you want tae go somewhere, get oot the city?'

'Suppose so. Where?'

'Don't know. If you don't feel like drivin we could go on the train. Go tae Largs or Helensburgh or somewhere.'

'It'd be good tae get some air.'

'Ah'll meet you in Central Station at twelve . . . under the clock.'

Anne Marie stuck her heid round the door and pulled the earphones away fae her heid. 'Is that Nisha?'

'Naw. You seein her the morra?'

'Aye, ah'm gaun round for her in the efternoon. We're nearly finished this demo . . . just have tae put the finishin touches on it.'

She disappeared back intae her bedroom. When all this was sorted, when ah knew what ah was daein, ah'd need tae spend mair time wi Anne Marie, payin attention tae her interests.

But how the hell was ah gonnae dae that? Ah'd need tae tell her aboot the baby soon, whatever happened between me and David, and God knows how she'd react tae that.

It was roastin, but there was a wee breeze fae the sea, fresh and cool round your face. We walked alang the front and he took ma haund. Ah'd never walked doon the street haund in haund wi him afore; at hame ah was always too worried in case somebody seen us.

At first we never spoke, just walked, slowly, watchin the clouds flee across the sky and the weans playin on the beach.

'We used tae come here when ah was wee,' he said. 'Did you?'

'A couple of times. Maistly Saltcoats though. When ma daddy was workin we'd have a holiday every summer. Then he got sick and the holidays stopped.'

'When was that?'

'When ah was aboot ten . . . he died when ah was fifteen.'

'You never really talk aboot him.'

'Ah know. Suppose it's because of ma mammy. She never really talked aboot him. It's only the last few month afore she died, when she was no well hersel, that she even mentioned him.'

'That was the way then.'

'Ah think it was the only way she could cope. It was hard for her – when he got ill and wasnae workin she had tae get wee cleanin jobs – there was nae money. Of course we didnae unnerstaund.'

'Too young.'

'It was the free meals ah hated – felt that humiliated when the teacher gied they tickets oot on a Monday mornin. Ah tellt Mammy ah didnae want tae take them but she said ah had tae. Ah was that mad at her – couldnae unnerstaund how hard it was for her, tryin tae make ends meet.'

We'd walked quite far alang the front, where it was quieter, and we sat doon on a bench. The beach was a bit stonier here and there were less weans.

'Liz, there's somethin ah want tae talk tae you aboot.' He was lookin doon at ma haund again, tracin wee circles on ma palm wi his finger. 'Ah've been offered a place on an exchange programme tae the States tae dae ma research there.'

'What does that mean?'

'Ah'd be away for a year – at least. And if they like me and there's fundin, maybe longer. Ah havenae said yes . . . ah've tae let them know by Friday.'

'When did this happen?'

'Ah just got the letter on Thursday. Ah applied six month ago but ma supervisor tellt me the chances of bein picked was remote so ah'd never really thought aboot it. Ah'd meant tae tell you on Friday night, then . . . this happened. Ah didnae know whit tae say.'

'Are you gaun?'

'That depends on us.'

'It's your decision. D'you want tae go?'

'Of course ah dae. It's a big opportunity. But ah don't want tae let you doon.'

Ah took hold of his haund.

'Ah've got somethin tae tell you too. Ah had some bleedin yesterday.'

'What does that mean?'

'Ah went tae the hospital and they checked me oot. It's OK.'

'Ah thought for a minute that . . .'

'Ah'd lost it. That would've been convenient, wouldn't it?'

'Liz, ah didnae mean that.'

'It's the ideal solution, isn't it?'

'Suppose so.'

He put his haund on ma airm. 'Ah'm sorry, ah didnae mean that. You OK?'

'Aye.'

'So what caused the bleedin?'

'They don't know. It happens sometimes – ah had some bleedin at this stage when ah was expectin Anne Marie. They just said tae take it easy over the next few weeks. Efter aboot thirteen weeks you're safe.'

'So it could still happen?'

'Aye.'

A seagull wheeled overheid, scraikin, and ah watched it drap doon low, then soar and heid oot across the sea. Ah suppose up till then ah'd still clung on tae some wee shreds of hope, that we'd make it through thegether and when the baby came it would work itsel oot. Ah'd lay in ma bed at night afore ah went tae sleep, imaginin his face when he seen the baby for the first time, fantasisin aboot us and Anne Marie all livin thegether a few year fae noo, when he'd finished his PhD and got a job, mibbe lecturin at the uni or somethin.

But ah could feel his hope hangin fae him, still hangin, the hope that over the next few weeks there was still a chance that ah'd loss the baby and he'd be free.

Ah stood up.

'Fancy a game of puttin?'

'Puttin?'

'Aye, we're at the seaside, aren't we?'

There was naebody on the puttin green except a couple of wee boys messin aboot. David took the first shot and sent his ball aboot four feet wide of the hole. Ah stood, claspin the putter, haunds linked thegether, looked at the hole, swung the club gently and sent the ball straight and steady tae land a couple of inches away fae it.

David gied me the thumbs up. 'Cool.'

He took his next shot, first sendin it too far across the other side, then tappin it so gently that it took him another three shots tae get it in.

Ah nudged mines intae the hole. 'Two, five.'

'Aw, come on, you're no keepin scores are you? Ah'm so crap at this.'

'No fun unless you score.'

'Ah'll warm up soon, you'll see.'

But the rest of the game continued the same way, me gettin the ball in two, occasionally three, and him veerin between great long shots that sent it careerin aff too far or wee soft skeetery wans that didnae go far enough.

It's great when you get intae a rhythm with puttin, feel the club swing by itsel, as though you're no really daein it, just usin yer eye tae see where it should go. We never spoke much except for David mutterin 'Christ' and 'Fuck' when he hit a particularly wild shot, and in the end ah gave up keepin score and just concentrated on whit ah was daein. Eventually, at the 14th hole ah done it – the ball travelled slowly and smoothly alang the grass and tapped intae the hole in wan.

'Ah think ah should just gie up noo.'

'Nae chance . . . you have tae finish.'

'So ma humiliation is complete.'

Efterwards we went intae the café and sat at a table in the windae.

David looked at the menu. 'Fancy an ice cream?'

'Ah want wanny they big fancy wans, a knickerbocker glory or somethin.'

'Don't think ah could manage that. Ah'll just have a snowball ice.'

'You're no eatin for two.'

The train hame was swelterin, wi that leftower heat you get at the end of a hot day, the sun mixed wi the heat fae the engine. Ma skirt was all wrinkled and there was a grass stain on the front. David put his airm round me. 'That was a brilliant day.'

'Aye, it was.'

'Let's dae it again.'

'Ah don't think so.'

Ah looked oot the windae. A flash of sunlight shootin

through the dark blue sea. 'Ah don't think there'll be time – you'll have a lot of packin afore you go away.'

'Ah never said ah was definitely gaun.'

'You're gaun.'

'But whit aboot the baby?'

'Whit aboot it? You're gaun tae America. You'll no be here.'

'Ah don't want tae run oot on you.'

'You're no. It's a big chance for you. There's nothin you can dae here. You have tae go. And ah've got a few things tae work oot on ma ain.'

Jimmy was in the kitchen when ah got back, puttin a casserole dish in the oven.

'Ah came round tae see you but Anne Marie said you'd gone oot. She's away round at Nisha's so ah thought ah'd make masel useful.'

'Thanks.'

'Need tae keep yer strength up.'

'Aye.'

Ah lifted the kettle, ran the cauld tap. 'Want a cuppa tea the noo?'

'Aye, OK.'

We sat at the kitchen table, two identical mugs in front of us. Sippin tea, listenin tae the clock tick. Just the same as we always had been. Even though Jimmy didnae live here any mair it was just the way it had always been. But noo it couldnae stay the same, soon the bairn growin inside me would change everythin.

'Jimmy, when are we gonnae tell Anne Marie?'

'*Whit* are we gonnae tell Anne Marie? Ah mean, is this guy gonnae move in wi you? Are you gonnae move in wi him?'

'Naw. We're no. Ah seen him this efternoon. It's over.'

His face was darker, mair lined, as if it had been carved oot of wood. 'How is it over? He cannae dae that – you're havin a baby.'

'Ah know ah'm havin a baby. He hasnae run oot. It's me – ah tellt him ah didnae want tae see him.'

'How?'

'Cause ah don't. Look – ah don't want tae talk aboot him the noo, OK? What aboot Anne Marie? Ah think we should tell her thegether.'

'Whatever you think.'

'Jimmy, ah know it's gonnae be a terrible shock for her, and she'll need us baith . . . ah've been thinkin.'

'Whit?'

'Well, Anne Marie and me are gaun tae the cottage as usual – it was all booked up afore Mammy passed on and . . . anyway, would you come wi us? Then we could tell her when we're thegether, when she's away fae here.'

Anne Marie

AH HELD THE silver circle in ma haund, fingers just touchin it at the edge, watchin it sparkle in the light fae Nisha's lamp. It was done, finished. And it was all wer ain work.

Of course we couldnae of done it wioot Gurpreet – he done all the mixin, the computer stuff, and added in the odd wee touch, a note here and there. But really he'd put thegether what we'd decided, Nisha and me, efter all those sessions round at ma hoose. The Tibetan lamas' deep gravelly voices risin and fallin in a singsong rhythm, then Nisha's voice comin in on tap – '*salve*' and then mines echoin – '*salve*' as if we were callin tae each other across wanny they Tibetan hillsides. Mair chantin then the two '*salves*' repeated, then me singin '*Salve Regina*' the whole way through, as pure and straight as ah could. But when ah got tae '*ad te clamamus*'

Nisha's voice comin in, singin in Punjabi, swoopin higher and higher, random phrases, wi Indian drums sampled through it so it became dead clamorous and frantic, then a slow descent wi the 'Salve Regina' bit gettin louder but just repeatin and Nisha's voice sayin, 'Hail, holy queen, mother of mercy, hail our life, our sweetness and our hope', then the whole thing echoin away tae just 'salve, salve, salve,' repeated.

'It is so cool.' Gurpreet smiled. 'No competition.'

Ah couldnae wait tae show it tae Ma and Da, let them hear it, though on the way hame ah started tae wonder what they'd make of it. Nisha and me had been that caught up in actually daein the thing, gettin it finished, that their reaction had been the last thing on ma mind. But noo it occurred tae me that ma daddy couldnae stand sampled music so he'd probably no like it and ah wondered if mammy would think it was a bit disrespectful usin the 'Salve Regina' that way, especially since ah'd sung it at ma granny's funeral.

But they were dead chuffed, though ah don't think they knew whit tae make of it at first. Ah watched their faces as they listened the first time: ma daddy's wee smile as he recognised the lamas' chantin then, them lookin at each other as ma voice came in singin 'Salve Regina'. When it was finished ma daddy said, 'That's amazin, hen,' and Mammy gied me a hug and said, 'Well done.'

'Put it on again, Anne Marie,' says ma daddy.

'Aye, you cannae really take it in all at once,' says Mammy.

So ah played it over a few times, waitin for them tae say mair, say sumpn detailed aboot it, aboot the way it hung thegether or the effect or that, but all Mammy said was, 'It's brilliant. It really grows on you.' And ma daddy said, 'Yous're bound tae win, hen.'

And ah was dead chuffed that they liked it but efterwards, sittin in ma room, ah kept feelin that there was sumpn missin. As if they hadnae really got it. And ah really wanted them, no just tae like it, but tae unnerstaund it. And ah didnae think they did.

Jimmy

ON THE TUESDAY mornin ah had tae take the van for a service. Even if your whole life's fallin round aboot your ears, the van still needs tae get serviced. And ah had tae dae it since John was tied up wi the new baby.

Ah'd went round tae see the wean again last night. Took Anne Marie – don't know how ah'd of managed it by masel the noo. Tricia's face all lit up, John beamin, the hoose fulla baby stuff. And thon wee bundle, her face crumpled fae sleep.

The garage is in a side street just round the corner fae Brigton Cross. John and me have been bringin it here for years – Joe's an auld pal fae school – he was in the band wi us when we were young. He's done OK for hissel, got a coupla mechanics workin for him noo and a nice hoose somewhere on the sooth side.

He slides oot fae under a motor, haunds black wi oil.

'Good tae see you, man. How's the big brother?'

'Great. Tricia's just had a wee wean.'

'Brilliant. Tell him ah was askin for them.'

'Aye, ah'll dae that. When d'you think you'll be finished.'

'Gie's an hour – if there's anythin big needin done you'll need tae bring it back – is that OK? Ah'm a bit busy the day.'

'Aye that's OK. Ah'll just have a wee wander.'

Ah walked up past the umbrella at Brigton Cross. They've done it all up noo, painted and restored it but it still looks shabby and sad. The hooses look a lot better though. When we were growin up the tenements were all covered wi stour but noo they're cleaned up, wi door entry systems and that. Walkin alang Main Street felt that weird; ah used tae dae this every day but it was as if it was somebody else that had done it. And like a different city fae the wan ah live in noo.

Then ah seen it – or rather ah seen the gap where it used tae be. Just round the corner fae the Main Street. Ah don't know why ah felt that gutted. There was a big stooshie the other year when the cooncil wanted tae knock doon some of the schools – supposed tae save money so they can dae up the wans that are left. And ah knew this was wanny the wans that was gettin flattened and never thought anythin aboot it at the time. Efter all, why should ah care – ah'd never bothered wi school when ah was there, couldnae wait tae leave. Ah'd no stayed round here for years and all ma family'd moved away too. And it wasnae some great architectural treasure – just a scabby sixties school like a million others. So how come when ah turned that corner and seen that big gap where it used tae be, ah felt as if somebody'd punched me.

Ah crossed the road and stood, just lookin. The space where it had been looked huge, much bigger than the school. They'd left the rubble strewn across the land, a wasteground fenced by metal palins wi paint peelin aff them. Broken tarmac, dusty heaps of auld bricks, shreds of poly bags driftin among the dogshit. Ah felt anger risin in me. Must of been nearly a year ago since they'd demolished it. So how come they couldnae dae somethin wi it? Couldnae landscape it and stick a few plants in tae make it look nice? How come the folk that lived here had tae look oot their windaes and watch this filthy heap day after day?

Ah heided doon towards Greendyke Street. Anne Marie had taped their CD for me and ah put it on ma Walkman. Ah'd never been able tae get intae that kind of sampled stuff afore, always thought there was somethin kind of cheatin aboot it, but as ah walked alang ah kept listenin, beginnin tae feel how the rough voices of the lamas and the sweet high voices of the girls just fitted that perfectly, replayed it till it was fillin ma heid, blockin oot everythin else.

Ah just kept walkin. Through the Green, up the Saltmarket, cuttin through the side streets tae George Square, then on and on till ah reached the Centre. Paid nae attention tae anythin till ah reached that yella door.

It was the first time ah'd been back since ah chucked the paint – couldnae face gaun back there efter whit ah'd done. Last night ah'd dossed doon at ma mammy's hoose – she was the wan person who'd ask me nae questions.

Ah opened the door, quietly. Felt as if ah was fifteen again, comin back tae the hoose pissed, hopin naebody'd be up. Ah opened the door of the meditation room. Don't know whit ah expected tae see – a row of lamas prayin for ma soul, the polis sittin waitin tae charge me, but the room was empty. Everythin was exactly as ah'd left it. Except, in the daylight, it looked different. Like a giant wean had been playin wi paints, mixin them all up thegether intae a muddy mess. The outline of the Buddha was still visible under the big splashes of paint, but only wan haund, the wan raised in blessin, had escaped completely. The pile of cushions on the flair underneath the mural was covered in paint and ma sleepin bag was a wipe oot.

The door opened and the Rinpoche entered.

'Hello, Jimmy.'

Ah wanted tae say ah was sorry but the words wouldnae come oot. He stood beside me, lookin at the wall.

'I did not realise you were going to do a Jackson Pollock version of the Buddha. Very modern.'

'Ah'll clean it up the noo.' Ah couldnae look at his face.

'Maybe you should not do it right away.'

'How no? You don't want the room lookin like this.'

He touched ma airm. 'At this moment the room looks like this. Let us sit with it for a while. Just sit and look.'

He sat doon in front of it and ah sat beside him. Ah didnae want tae look. All they hours of work and now look at it. A fuckin mess. Ah knew whit he was tryin tae dae. Or tryin tae make me dae. Face reality. Look at what ah'd done, what ah was daein. Ah'd read in wanny they books that lamas slept in coffins so they'd be mair aware of death. But ah didnae want tae look at death, ah just wanted tae live. That was how ah'd got interested in the lamas in the first place. Cos ah liked bein wi them, they made me feel mair peaceful, mair real. Ah didnae want tae look at the clarty shitty mess ah'd made oot the bright pure colours. Or think aboot why ah'd done it – just wanted tae clean it up.

Ah stood up and started tae lift the cushions oot the road. 'At least they protected the flair – there's only a few bits. And it's mully – it'll wash aff.'

He nodded.

Ah took a couple of bin bags fae the kitchen, started tae lift the empty paint tins and place them inside it. Then ah got ma brushes and a tin of white paint oot the cupboard in the hall. Ah dipped ma brush, started fae the tap left haund corner and worked ma way across the wall, white brushstrokes blankin oot the colours beneath. It'd need another coat but at least ah didnae have tae look at it any mair. Once ah'd finished ah put the lid on the tin, cleaned ma brush in the sink. Then ah went back intae the room and cleaned the paint fae the flair wi a scrubbin brush. All the time the lama sat and watched me.

'Ah'd better be gaun, Rinpoche. Ah was supposed tae get the van hours ago.'

'Don't forget this, Jimmy.' He held oot his haund. Ah took the wee tin of gold paint, put it in ma pocket and left.

Liz

IT WAS WEIRD, makin up the beds. The big double upstairs for me, the single in the attic for Anne Marie. There were two single beds in the room; when she was really wee she used tae get me tae make up the other bed for her teddies and dollies. Sometimes Charlene came alang – if things had been different this year, she could of brung Nisha.

And the wee room doonstairs. Mammy's room. Noo ah'm makin it up for Jimmy.

We waited a couple of days tae tell her. Couldnae face daein it right away, thought we'd let wersels get settled in. It was lovely, sunny as usual, just lazin round on the beach. It's funny, when you're here you start tae feel as if this is really your life, wakin up wi the sea visible fae your windae, the different light, wooden floorboards and white painted furniture in the room.

On the Tuesday, efter lunch, Anne Marie said, 'Are we gaun tae the beach this efternoon or d'you fancy a game of tennis, Da?'

'Mibbe later, hen. Anne Marie, yer mammy and me have got somethin tae tell you.'

She looked fae wan tae another of us, sayin nothin. Jimmy looked at me. Ah took a deep breath. 'Ah should probably have told you this afore, hen, but, well, anyway.' Ah'd rehearsed whit ah was gaunnae say ower and ower again. Last night ah'd laid in ma bed rehearsin ways tae break it gently tae her, tell her aboot David first, but somehow when she was sittin there in front of me wi they innocent eyes ah just blurted it oot. 'Anne Marie, ah'm pregnant.'

'You're pregnant?'

'Aye, ah . . .'

Jimmy interrupted. 'Now, Anne Marie, yer mammy . . .'

She put her airms round me and hugged me. 'Mammy, that's brilliant. When's the baby due?'

'January.'

She turned tae her da and hugged him too. 'Da, it's so cool – ah'm gonnae be a big sister!' She stopped. 'So will you be comin back fae the Centre noo then, Da? Ah mean you're no gonnae stay there efter the baby's born, are you?'

Jimmy's face was completely blank. Mines must of been the same. 'Anne Marie, ah . . .'

'Have yous thought of a name yet? Alison's just had a wee sister and they cried her Erin – ah think that's nice for a lassie. Ah'm gonnae phone Nisha and tell her.'

'Naw, don't dae that, Anne Marie. Please don't tell anybody the noo. We want tae keep it quiet for a wee while.'

She looked disappointed. 'OK. Just don't leave it too long. Right – are yous comin tae play tennis?'

Of all the scenes that had run through ma mind that was the last thing ah thought would happen. Ah'd visualised that many different ways Anne Marie could of reacted – burstin intae tears, bein angry, bein quiet, blamin me, runnin oot – ah'd went ower them all, but ah never in a million years imagined she would of thought it was Jimmy's. Then again, it was the most natural thing tae think. Efter all she'd nae idea aboot David, she'd never seen him or heard me talk aboot him. And Jimmy was still around, nothin much seemed tae have changed between us except he wasnae sleepin in the hoose. What could be mair natural than tae assume that wan night we'd made up and this was the result?

Ah never got the chance tae talk tae Jimmy alone aboot it tae later that day, when Anne Marie had gone tae the shop.

'Jimmy, what the hell are we gonnae dae? Anne Marie thinks it's yours.'

'Ah know. Ah couldnae believe it when she started jumpin around huggin us.'

'What are we gonnae dae? Ah mean we'll need tae explain. And its gonnae be harder noo.'

'Aye. She's that happy aboot it.'

'D'you want me tae tell her on ma ain?'

'Naw, ah think it'd come better fae the two of us.'

'When?'

'Ah don't know. Look, let's leave it till the morra. Ah cannae face this again the day. Let's talk the morra.'

At six o'clock that night Anne Marie's mobile rang. Ah

should of known that meant somethin big had happened. Usually her and her pals text each other.

'Nisha? No! You serious? When? Oh my God!' Anne Marie flung her airms round ma neck. 'Somebody fae the BBC phoned Nisha. We're through tae the next round!'

'That's fantastic, Anne Marie.'

'Ah never thought they'd tell us so soon.'

She went back on the phone, bletherin away tae Nisha, movin outside tae get a better reception or because she didnae want me tae hear, don't know which. Then she came back in.

'That's brilliant, hen. So what happens next? How many folk have got intae this round?'

'Well, there's twenty been picked and ten of us will be on the CD. But they're gonnae play all the twenty on the radio and on the TV! Our CD is gonnae be on the TV!'

Jimmy

LIZ IS SITTIN on the purple and orange towel; the wan we always take tae the beach. She's rubbin suncream intae her legs and her sunglasses are shoved up ontae the tap of her heid. Ah've brung the buckets and spades wi me but of course Anne Marie's decided she's far too auld and sophisticated tae make a sandcastle so she's lyin on the towel next tae Liz. Liz turns and rubs some of the cream on the back of her neck. Ah'm watchin them fae a wee distance, nearer the sea, where the sand is damp and better for makin sandcastles. Ah'm diggin a trench in the sand and pilin it up, makin a big heap. It's no that busy the day; a few weans playin in the water, clumps a folk sittin up along the fringes of the sand dunes, sunbathin, readin the papers, watchin clouds birl across the sky. It hardly ever rains here bar the odd shower that clears the air and waters the flooers. Ah know somebody must get the rain but all the years we've been comin we've been lucky.

Anne Marie throws a tee shirt and shorts ower her bikini and wanders doon tae me.

'Ah'm away tae the café for an ice cream, Daddy. Want anythin?'

The café's where the young yins hing aboot.

'Naw, hen, ah'm fine.'

'See you later.'

'Right.'

As she heids aff, Liz starts tae pick her way across the sand tae me. There's nothin tae show yet, nothin anybody could notice, but she's movin different, cairries hersel in a different way. Mibbe ah'm imaginin it, mibbe it's just the sand, but she's walkin slower, mair graceful, like wanny they African women cairryin a pot on their heid. And suddenly ah can see her in three months' time, her bump up in front, her sarong pushed oot, swayin as she moves, and a sick feelin rises in ma throat. How could ah of let this happen? It was ma fault. If ah'd no been that blind, ah'd of known how much she'd wanted another wean . . . and another wave of sickness as ah thought of her, big and beautiful, graceful, breists full and heavy, eyes soft and joyful, and the bairn no mines. The sickness subsides and a shootin pain stabbbed me. It should of been mines.

'Need a haund?'

Liz hunkered doon beside me, started tae dig the trench wi a spade, heapin up the sand, smoothin oot the sides of the pile ah'd made.

'Jimmy, we need tae talk aboot this noo, afore things go any further.'

'Ah know.'

'Jimmy, whit are we gonnae dae – whit are we gonnae say tae Anne Marie?'

Ah looked at her, sittin on the sand, the breeze blowin strands of hair in front of her eyes. The dye in her hair had nearly all grown oot noo, but there were still a few wee pinky edges lit up by the sun. And the beach stretched oot behind her tae a blue sea and a blue sky dotted wi clouds. It was like every year's holiday photie; different hairstyles, different claes, but the same auld sea, same sky, same Liz.

Ah dug ma spade intae the sand. 'Ah wisht it was ma wean.'

'Me too.'

'Ah feel as if it's mines.'

'Do you?'

Ah put doon the spade, looked at her straight.

'Does anyone need tae know it's no mines?'

She looked past me, up beyond the sand dunes. 'Well, he knows, but he's gaun away tae America. And ah don't think he'd be sorry if he never heard fae me again. Naebody else knows.'

'Well?'

'Could we dae this? Could you dae it?'

'Could you?'

'Ah don't know, Jimmy. Ah'm feart. Part of me wants tae, but ah keep thinkin it's the easy way oot, no the right way.'

'Sometimes the easy way oot is the right way.'

'Mibbe noo, but what aboot later – it could be a right mess.'

'It might. But whatever we dae will be a mess. At least this way there's a chance we might all be happy.'

'But, Jimmy, are you sayin you could really take this wean

as yours, when it grows up, even if it looks like him? Could you honestly say you'd feel the same aboot this wean as you dae aboot Anne Marie?'

Ah patted the sand, kept smoothin and smoothin it as if ah was plasterin a wall. 'Liz, ah don't know. Ah cannae say how ah'm gonnae feel. All ah can say is that mibbe this is our best shot. For us all. Ah mean, think aboot all these folk that have weans through artificial insemination and transplanted eggs and all that . . . the papers are full of it. And they must love their weans just as much.'

'Well, ah didnae exactly get artificially inseminated, did ah?'

Ah couldnae look at her face. Ah looked beyond her, the white clouds movin faster noo, scuddin across the sky.

'Liz, what dae you want?'

'Tae turn the clock back, that's what ah want. For this bairn inside me tae be yours.'

'It is mines.'

She looked at me, narrowin her eyes against the sun, eyes dark as earth. If only thon wean has her eyes, ah'll love it, ah know ah'd love it as ah love her.

'This is your wean, Liz; ah'll see it growin, watch you get bigger cairryin it, be with you when it's born. It'll be our wean, Anne Marie's wee sister or brother.'

'And you really think you'll never look at him or her and think on . . .' She stopped. 'Anne Marie's comin.'

She was walkin across the sand in her orange tee shirt and shorts, that tall she was, grown up. Ah waved at her and turned tae Liz.

'Naw, ah cannae say that, you know ah cannae. All ah can say is that ah've loved you since ah was eighteen and ah still love you and ah think we should gie it our best shot.'

Liz

THEY'VE WORKED ON the garden since last year. That purple flower wasnae there, or the pansies, purple and orange, roses tidied up and climbin ower a frame. And here ah'm are, sittin on a bench, cup of coffee in ma haund. The sun is warm on ma airms and ma belly where this new life is growin inside me.

Mammy always loved this garden, loved the peace in the village, the slower pace. Ah did too, but only for a wee while, couldnae staund tae be here mair than a week — efter that ah'd be twitchin tae get back tae the city; big shops, buzz of folk, no everyone knowin who you are. But noo, sittin here, ah could see masel stayin, just bein here. It's the wean, ah suppose, bein pregnant, no masel. Then again, ah'm mair masel than ah've ever been, except when ah had Anne Marie growin inside. Funny how when you're expectin, everythin seems tae slow doon, time stands still, then when they're born it all flies past in a flash. There she is in the kitchen helpin her daddy make the lunch. The pair of them gigglin and laughin, her on a high wi this CD. Ah hope she doesnae get too disappointed if it doesnae work oot the way she wants. Wish ah could make a future for her, turn it intae a peaceful suntrap like this gairden. And the same for the new bairn inside.

She's that excited aboot the baby. And ah still don't know if we're daein the right thing. Fae the ootside it all looks that idyllic; me sittin in this perfect gairden, pregnant, contentit, Jimmy and Anne Marie in the hoose. Happy faimly. But what aboot the future?

Wish there was some way of knowin if we're daein the right thing, but there isnae. Never is.

Anne Marie

DA CAME IN fae the hall.

'Ah just phoned the Rinpoche. Had tae tell him aboot yous bein on the TV. He was dead chuffed.'

'That's nice.'

'Specially wi the lamas chantin on it.'

'Aye.'

'Ah mean if you and Nisha get tae be pop stars and want tae dae a live version, they could tour wi yous – that'd be fantastic, wouldn't it?'

'Aye, right, Da.'

He opened the fridge and took oot some cheese, wrapped in foil.

'And if yous ever want tae dae some punk rock live, don't forget yer daddy's Scotland's answer tae Johnny Rotten.'

'Ah don't think so somehow.'

He was cuttin big thick slices of cheese and puttin them on the bread.

'Well, you never know.'

Ah turned on the grill. 'Did you tell the lama aboot the baby, Da?'

'Naw, ah never. Yer mammy wants tae keep it quiet for a wee while longer.'

'Ah know.'

'But a funny thing . . .' He put the bread and cheese on tae the grill pan.

'Remember thon time we went tae Carmunnock, when they thought they'd found the new lama?'

'Aye, Da. Couldnae forget that in a hurry.'

'Well they've been daein mair calculations. Think that last time they'd got mixed up wi different time zones or somethin. But they reckon that the new lama will definitely be born in Glasgow next year. In January.' He winked at me. 'Round about the 15th.'

'Now there's a coincidence.' Ma mammy was staundin at the door. For a minute ah thought she was mad at him for makin a joke aboot it but she didnae sound sarcastic. And the way she looked at him, ah couldnae figure oot what she was thinkin.

Ah took the toasted cheese oot fae under the grill.

'Karma, Mammy. Karma.'